U0005371

師承鄭子太極拳第三代傳人

禪勁太極

超實踐！科學養生的太極拳勁

陳章波 博士——著
楊佳梅——文字協力

晨星出版

鬆、沉、圓、整

欣逢陳章波博士出版《禪勁太極》一書，距離《太極拳動禪心法》出書已十五載，隨時間推移，本書內容更加豐富精采，以鬆的科學研究，佐證禪勁對身體健康的良好作用，顯見其功力持續精進。

陳博士中研院退而不休，時常參加會議、演講，以及教導太極拳，嘉惠大眾樂而不疲，宏揚太極禪勁養生健康，造福人群甚鉅，今喜受邀為其新書作序，吾便以鄭子之：「鬆、沉、圓、整」之淺見為序。

「鬆、沉、圓、整」乃學拳四階段，此四階段不斷循環提升境界，無論是為健康養生或為武術功夫，練習拳架、推手、散手，都要循序達到，則可表現太極拳的真義。鬆才能沉，沉後有根，根接地之力後有軸心，有軸心才能成圓，有圓才可化打合一，四大元素具備方能陰陽相濟，完整一氣。

鬆

絕對的鬆，柔如水，輕如棉，心中不著一物，全身內外鬆淨、鬆透，一絲俱不承受，一毫不予人有可借之力，即等於不予人有可擊之機。

何謂「鬆」？

鬆緊相應，剛柔相對，陰陽相承，身形不僵不用力，精神不繃不害怕。身體、心理、精神都要徹底的鬆。柔，摸之雖軟卻富含彈性；鬆，摸之有物，推之則無物。鬆開肌腱、韌帶、關節，形體才能鬆；筋鬆氣開，心靜氣和，精神意念放下，內在才能鬆；內外鬆淨、鬆透，才是真鬆。

（1）**體鬆**：身體不受力，一羽不能加，蠅蟲不能落，人不知我，我獨知人。

（2）**心鬆**：心裡不著力，放開一切雜念，內固精神，外示安逸，無欲則剛。

（3）**神鬆**：人為純陽真體，天門吞天之氣，與地氣之力相接，天人地合一，物我兩忘。

鄭宗師曼青在《鄭子太極拳十三篇》之述口訣第十三附序及按語中闡述：「鬆，要全身筋絡鬆開，不可有絲毫緊張，所謂柔腰百折若無骨。若無骨，祇有筋耳。筋能鬆開，其餘尚有不鬆之理乎。」全身筋絡鬆開，從筋下手。筋鬆開了，其他關節、肌肉就鬆了。養生專家也說，「筋長一寸，壽長十年」，可見筋的鬆柔，對身體健康有很大的幫助。

鄭師爺在楊家七年，於體得到一個中定，於用得到一個掤。有一天，夢到兩隻手臂斷掉了，只剩鬆緊帶連繫著，從此功夫大進，證明筋柔骨節鬆開了，悟得鬆境。

（1）鬆要身鬆

《老子‧十三章》：「吾有大患，及吾有身；及吾無身，吾有何患。」老子說的意義不只身鬆，已包括心鬆，心不鬆則無法真正的身鬆。身鬆，身體不受傷害；心鬆，心裡不受傷害。心中沒想得到利益，沒在乎名利不受誘惑，則不受到傷害。打拳要鬆到身體像掛著衣服的空架子，試想打到衣服，打不到身體，當然不會受到傷害。像鬥牛士，牛衝過來有千斤力，碰到空的紅布，力量不產生作用，不會受到傷害。

（2）鬆要心鬆

唐人李道子《授密歌》：「無形無象，全身透空。應物自然，西山懸磬。虎吼猿鳴，泉清河靜。翻江攪海，盡性立命。」心中一絲不掛，沒有任何濁氣，心思清明，全身內外鬆淨、鬆透，無我無他，達性命雙修法，天人合一，無形無象之境。無身又無心，真正鬆空身心兩忘，只存一點靈犀，感應大自然的變化，應敵則感覺對手的變化。

沉

心意氣相守於丹田，體重落實於一腳，使湧泉感帶區成為發出全身彈性的基點。

何謂「沉」？

鄭曼青宗師曰：「沉，如能鬆透，即是沉。筋絡全開，則軀幹所繫，皆得從下沉也。按沉與鬆，原是一回事。沉即不浮，浮是病。體能沉已善矣，尤須加以氣沉。氣沉，則神凝，其用大矣。」

沉的境界有三

（1）身體下沉： 身體的肌肉、關節都鬆開，沉落地上。

（2）**意氣下沉**：意念帶動氣，沉放腳底。

（3）**不動下沉**：未動，氣已墜入地底。

如何沉？

身體關節、韌帶、肌腱、筋絡鬆開，體重沉於地上，可借地之反作用力，此為「體沉」。體沉則根固，腳暖而重，頭輕而涼，筋柔體鬆，濁氣拙力下降，上柔下固。

《十三勢行功心解》：「以心行氣，務令沉著，乃能收斂入骨」、「發勁須沉著鬆淨，專注一方」。「沉著」，即中正安舒，氣沉丹田，勁落湧泉，心靜體鬆。內外鬆開可得氣沉，氣沉則便於化，利於打。

氣沉內斂全身輕靈，對身體健康和功夫都有很大的幫助；氣斂入骨，皮毛更加敏感，可以增加骨髓。放之沉重無比，內斂則輕如鴻毛。

太極拳處處求圓，非但時時有蓄勁，刻刻有待敵。變與不變，而使對手無法找到我勁之所在點。

何謂「圓」？

太極拳是球形的功夫，人體由意念而練成球形，球形之旋動，其中心（軸心）是永遠不變，是為不易，圓周隨來力走化，處處求變，是為易。

鬆沉有根則打不動，推之如推樹牆，雖然將來力傳導至地下，但是人承受的壓力還是有極限。太極圓是一個球形，可以圓化消除力量，不接受力量，同時能陰陽相濟，產生相生相剋，走化同時又打人。

如何圓？

自身成為一個球體，處處求圓，軸心不變使來力。從我圓周邊緣滑出落空，對手無法摸到我的軸心。同時，下盤要沉穩有根，腰脊轉動輕靈，成為活的不倒翁。

圓周形成一個無形防護罩，可大可小。當接觸到外力即轉換陰陽，如旋轉門一邊化，一邊打。化即打，打即化。陰陽相濟化打合一。球形的太極應用，全身無處不圓以及穩定的重心，就像陀螺儀一樣，任何旋動而不失重心。

整

自踵至頂，節節貫串，周身一家，完整一氣，中定一貫之勁，是太極拳獨特武術之精粹。

何謂「整」？

意為主，氣為導。頂心、腳心中間延線是軸。腳心為有形之根，丹田為無形之根。一動無有不動，一靜無有不靜，完整一氣，神注一方，力不分散，是勁整。腳一停，手不動是形整，不散就是整。

如何整？

先求自己由腳而腿而腰完整一氣，無有缺陷、凹凸、斷續處，能一貫之勁行於手。次求和對方合為一氣，無有頂抗、縮逃，雙方合而為一，致彼意欲往何處，我亦隨之如影附形，牽採化打，方可從心所欲。與天地相合，與宇宙渾然一體，無我無他，天地多大，你就多大，你是宇宙中的一分子，宇宙就是你。

鬆、沉、圓、整與應用

鬆的重要性

鬆柔、鬆沉、鬆圓、鬆整等……鬆是太極拳的重要元素，身體健康需要鬆，太極功夫需要鬆，沒有鬆就不是太極拳。

拳架應用

走架如行雲流水，全身內外皆鬆，轉動輕靈，肌腱柔、筋膜鬆，上鬆下沉，沉澱雜質，平靜心情，完整一氣，氣遍周身，氣斂入骨，強健四肢末稍，強化內臟功能。

推手應用

推手外形要鬆柔一體，鬆沉一致，圓融無礙，完整一氣，從外形做到極致境界。鬆沉要做到圓融，圓可以不受力而走化，整能本身氣流與外物合一，方能應物自然。

日常應用

一舉一動要鬆，不動也要鬆，動與不動都隨時隨地要求鬆、

沉、圓、整。平時行、站、坐、臥皆能如法，太極拳進入生活化，日日太極則妙矣。

鬆、沉、圓、整的入門階段與目標

教學四十多年守則，以鬆為入門，沉、圓為階段，整為目標。任何功夫都需要鬆、沉、圓、整這四大元素，此為心法、功法研討，可用於各種拳法，非僅專屬於太極拳，適用於各種拳技法。

人生活在地球上，有地心引力才能穩定。若輕浮無根，便不能借地之力，不能中定求圓，無法吞天之氣、接地之力；身心不能夠徹底鬆柔，則談不上有真功夫，對身體的健康也是一種障礙。

鬆、沉、圓、整，拳架如此，推手等亦如是。一動即鬆沉圓整，日復一日，鐵杵磨成繡花針。所以說，太極拳是磨出來的功夫，勤練循序漸進，水到渠成。

沈于順

鄭子太極拳第三代傳人
順道鄭子太極拳學會 理事長
加拿大鄭子太極拳協會 理事長
加拿大推手運動協會 理事長

綠色養生，禪勁太極

　　陳章波博士是中央研究院生物多樣性研究中心研究員，是著名的海洋生物學者，也是國內早年倡導生態旅遊的先鋒；退休前即以學習鄭子太極拳作為養生的運動，退休後更致力於太極拳的教學與演講，從其外形與演示皆呈現大師的身影與氣息。

　　早期見到陳老師，都是在學術研討會和重要的國家政策會議中，聽見他的宏論和與一般學者不同的表達風格，是我景仰的學者。近年來因為好友林文集兄（《旅行好農》雜誌創辦人）的引薦，得有機會陪著陳老師和師母，一起前往我熟悉且以友善環境經營的休閒農場，拜訪農場主人，以及在健康自然的環境中，由陳老師演示太極拳。

　　在綠色健康的農場中，更能彰顯發揮陳老師闡釋的「禪勁」太極養生理論，也讓我長年來協助休閒農場，從提供消費者在農場的「吃、喝、玩、樂」，到幸福的農業體驗教育活動，再往前提升至療癒養生的新面向。

　　早年，我亦因身體健康問題，在學長的引薦下，學習了一段時間的楊式太極，的確對身體的健康有很大的助益。因當年較年輕，

身體狀況恢復較佳的情況之下，加上工作、家庭、學業忙碌，遂放棄了繼續學習精進的動力，也因而更佩服陳老師的毅力和長年的浸習，能融入自然、禪與養生之道，進而創出「禪勁太極養生」，其貫通的學識與實踐方式，已受到鄭子太極拳第三代傳人沈于順，也是加拿大鄭子太極拳協會理事長的高度肯定。

　　陪著陳老師和師母一起至休閒農場，親身見識到陳老師在書中指出的「道法自然」。回歸大自然，其實是禪勁太極養生的要領，藉由覺察外在動植物生命力，瞭解人類本身、其他生命與環境的關係。感受自然萬物的興榮，進而回到內在，覺察自己身體的狀況。

　　在休閒農場中，見到陳老師自然鬆勁的融入農場所有生態系統中，更能體會陳老師將禪勁太極定位為「養生」，而較不強調「拳」的用心。

　　很高興見到陳章波老師《禪勁太極》的出版，除了在太極拳推廣與現代化上，提供了新的意義與詮釋外，對臺灣休閒農業的學理、功能也有進一步的提升。

　　在本書第四章的「生活應用」中，陳老師走入農場，除了展示其太極養身之道，更整理出農場養生的身（生理）、心（心理）、靈（哲理）的項目表，實在很值得休閒農業者參考與應用。

　　近三年來，臺灣休閒農業學會致力於將休閒農業的功能，往「農業療育」的功能「拓邊」中，除了融入近年來已發展的森林療

育、園藝療育，我們在休閒農場中開始開發營造農業療育的課程與環境。如今，有陳章波博士引入《禪勁太極》和行政院農業委員會前主委陳武雄博士的《減壓生活禪》，休閒農業的學理與功能將又有一番新的氣象。

顏建賢

臺灣休閒農業學會 理事長
景文科技大學人文暨設計學院 教授兼院長
臺灣大學生物產業傳播暨發展學系 兼任教授

陰陽相濟，鬆沉有勁

我今年七十八歲，專業是生命科學，已經從中央研究院生物多樣性研究中心退休。四十歲的時候，身體微恙，因緣巧合學習鄭子太極拳，發現對養生很有功效，但是學理上沒有科學的論述。因為我本身是研究創新，所以就把太極養生作為我的研究主題之一。

經過多年的親身實踐，六十二歲時首度出版《太極拳動禪心法》一書，經過十五年研讀整合古今中外理論（參閱梅墨生，2018）、學習驗證、教學演講，獲得不少新的體悟、回饋，對「易有太極，一陰一陽之謂道」、「陰陽相濟」、「鬆沉有勁」等太極拳大師的傳世語錄，用現代科技知識語言詮釋，進而提出「人體如同密閉容器，符合帕斯卡定律的液體壓力傳導」的科學理論。雖然還沒有證實，但教學應用上有了「知其所以然」的實用性。最近更發現，「經驗、學理」也是陰陽相濟的應用，因此成立臉書社團「禪勁太極養生」，未來也將設立實體社團，教大家學會太極勁，並將禪勁太極養生推廣給更多人。

練習鄭子太極拳三十多年，我深深體會它的養生功效，可作為預防醫學的推展，但一定要有科學數據的支撐。在此呼籲有志之士

一起合作研究，設計發展測量太極勁的方法。

　　養生的道法自然境界，可藉由休閒農場的半自然環境，進行以生命為本的環境學習及愛護生命的行動，最終進入荒野自然之地。期望透過本書，縮短學員學習的困境，獲得道法自然養生之道的好處，可進入更高層級的心理、哲理養生。

　　謹此感謝沈師父傳授鄭子太極拳及長期的提攜，《旅行好農》雜誌總編林文集、臺灣休閒農業學會理事長顏建賢的協助，讓休閒與養生連結，豐富身心靈層次。此外，成功大學體育健康與休閒研究所鄭匡佑教授，協助禪勁太極在科學上的論述，還有本書文字協力楊佳梅，動作攝影葉亦真等人，以及晨星出版社主編莊雅琦的支持。最後，衷心感謝支持我的家人及周遭友人，包括我內人謝蕙蓮，她是中央研究院生物多樣性研究中心退休研究員，也陪伴我在禪勁太極養生的路上一同學習成長。

　　老王賣瓜不自誇，請嘗到甜頭的學員代為宣傳，有關練拳好處放在附錄的學員心得分享，請參閱。

陳章波

中央研究院生物多樣性研究中心 退休研究員

太極勁值得學習

　　人要活得健康、快樂、有意義又長壽，就要注重生理、心理、哲理的養生三理，也就是身心靈都要照顧。生理上要動靜適度，飲食合乎養生，起居有常；心理上要調解七情六欲與情緒，並修養德行；哲理上要培養正確的人生觀與世界觀，要性命雙修，道家術語意即「神形兼修」，身心合一，不超限使用，但亦不斷提升能力，以臻天人合一。

　　現代人依賴太多的科技發展，脫離自然人的生活形式，心太貪、太急著要做出成績，因此活得不快樂、不健康。生理的養生就是要回到自然人；心理的養生就是要提升文化素養、多動腦、多學習；哲理的養生就是要有更崇高、心靈生存意義的追求與發揚。

　　中國傳統的禪坐、氣功跟太極拳有什麼相同相異之處呢？跟養生又有什麼關係呢？我認為，禪坐是訓練身心安靜，而達到覺知敏銳的境界。太極拳強調的勁，是造成氣（功）的結果。所以，勁是因，氣是果。**禪勁太極養生的運動，即是以腦訓練覺知與運動之間的連結。**

練習禪勁太極養生時，心要先靜下來，覺知身體在哪，心就在哪的動中禪，是同時訓練認知、知覺和運動的養生法。養生在於延展筋脈，使得全身的經絡通暢。筋膜鬆開，骨和骨之間、器官與器官之間都鬆開，身體如水一般柔和，也就是「流水不腐」。水漾人生自然就能擁有花漾年華，是從內而外的最佳保養方法。本書是以鄭曼青大師的《鄭子太極拳自修新法》為最高指引，「吞天之氣，接地之力，壽人以柔」為最高目標。

本書共分四大章節，包含基本原理、六大理論、太極實踐、生活應用共四部分。禪勁太極養生的練習以鄭子太極拳為範本，學員依據「信、解、行、證」為練習原則，首先相信、了解原理、實際操作、反覆證實，才能知其然，更能知其所以然，經過學習、練習而養成習慣。

每一個禪勁太極養生動作都包含「鬆身、拉筋、調姿、順氣、發功」的過程，加上「整勁、蓄勁、發勁」三勁一體。簡明的練習方法，可以用禪宗六祖惠能大師的「幡動、風動、心動」作為指引。幡動，指的是身體動的狀況；風動，指的是造成運動的力量；心是不動的，也就是身心合一，處處安定。熟練以後，是心在哪裡，身就在哪裡，身隨意轉。**練習禪勁太極養生的目的，主要在操作自己的身體，達到鬆沉有勁，能夠用在坐、站、走路就夠了**。至於拳架，那是運動肢體的一種安心享受、處處安穩、氣定神閒，養生的進一步保證。

第四章的「生活應用」部分，提供居家生活練習的小訣竅，接著走出戶外，親近自然。我們列出農場的養生項目表，作為指引與參考，期望讀者走進自然，道法自然，向自然學習養生。

「一陰一陽之謂道」，陰陽如同一條軸線的二端，愈行愈遠，其差異愈大，愈沒有合作的機會。二個端點可反向彎曲成弧向中央靠攏，形成如太極圖，多軸之下形成球體，就有了圓融合作成效。利用陰陽相濟，練習鬆沉有勁，可先用肌肉力得到正確姿勢，再放鬆肌肉力，就有了自由落體、沉的效益而得到勁。所以，太極拳有「拙力去了，勁就上來」的表達方式。

陰陽互動的太極哲學所發展出來的太極拳，是養生的最佳工具，而「勁」的學習，正是身心靈養生的重要流程。太極拳是中國文化、文明的精華之一，養生之餘，有太極勁的太極拳如鄭子太極拳，是值得學習的。

希望讀者用輕鬆自在的心情閱讀本書，找到明師學習，持之以恆的做，相信在過程中必能有所體會。養生雖然是個人的行為，但當社會上的大多數人重視養生，成就自己天命的正面思維，整個社會水平就會隨之提升。期待不久的將來，這種有效、快樂的學習能夠遍地開花。

古代人練拳時，首先相信明師，透過老師手把手的教導，用感覺的方式學習，因此只有少數人能學習得到。現代人練拳的方式則不同，首先了解知識理論，相信科學，還是要透過老師手把手的教

導，用感覺的方式學習，但較能普及化。為了讓大眾在學太極拳的過程中，清楚明白其中道理，不會走冤枉路，達到預防醫學的目的，就是出版這本書的價值，也是我寫這本書的最大目的。

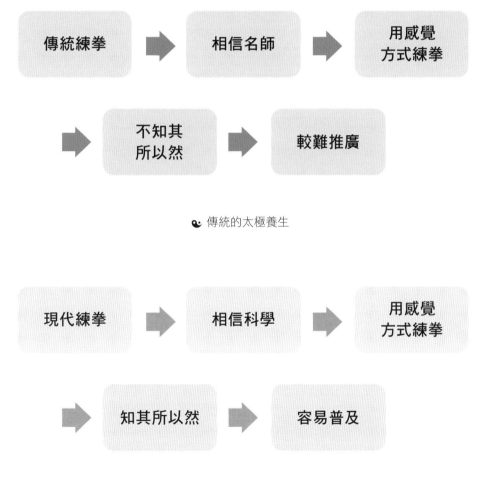

傳統練拳　➡　相信名師　➡　用感覺方式練拳

➡　不知其所以然　➡　較難推廣

☯ 傳統的太極養生

現代練拳　➡　相信科學　➡　用感覺方式練拳

➡　知其所以然　➡　容易普及

☯ 科學化的太極養生

| 目錄 |

contents

第一章

太極拳勁的基本原理

什麼是太極拳的勁？

　　從歷史發展的角度來說，太極拳的勁有四個階段。最初沒有使用「勁」這個字，後來覺知它是一種特殊情況下產生的力，跟自然的力（也就是不用特別學就會的）不一樣，才用這個字來加以區別。現代鄭曼青大師（鄭岳，1902~1975）在《鄭子太極拳自修新法》〈去三病〉章節提到：「至於牽動四兩撥千斤之作用，此乃科學之千斤頂。」鄭曼青只提到「千斤頂」三個字，沒有進一步的說明。現在第四個階段的學者如我，直接點出了流體力學的帕斯卡定律，並且找到了人體生理學的學術論證。

　　張三丰祖師遺論的《太極拳經》，第一句「一舉動周身俱要輕靈，尤須貫串」，最後一句「欲天下豪傑延年益壽，不徒作技藝之末也」，明白告訴大家，太極拳是用來延年益壽，養生之用，不只是武術的防身；其實也暗示了，武術與養生是同源的。整篇著作之中沒有「勁」這個字。

　　明朝王宗岳在《太極拳論》中首次提到勁，「由著熟而漸悟懂勁，由懂勁而階及神明，然非功力之久，不能豁然貫通焉」，又說「知陰陽相濟，方為懂勁，懂勁後，愈練愈精，默識揣摩，漸至從

心所欲」，也提到「有力打無力，手慢讓手快，是皆先天自然之能，非關學力而有為也。察『四兩撥千斤』之句，顯非力勝」。

　　古人對勁沒有下過定義，但根據古人的描述，我嘗試定義「勁」如下：**勁是一種力，不是自然的，要很認真、很長久的學習，才會得到。這個力不僅有武術功夫可以保護自己，還有養生、延年益壽的功效。**

　　近代資料顯示，鄭曼青得到楊澄甫的真傳之後，協助以文入武的陳微明整理楊家的太極拳菁華後，出版《太極拳體用全書》（楊澄甫編著，1934年上海大東書局初版；此處參考的是老古文化事業公司於1973年在臺灣的初版版本），提出「太極拳要點凡十有三，沉肩墜肘、含胸拔背、氣沉丹田、虛靈頂勁、鬆腰胯、分虛實、上下相隨、用意不用力、內外相合、意氣相連、動中求靜、動靜合一、式式均勻。……若為其用，則在不用力，而卻不畏有力，以吾之至柔順其勢而取之也。」之後，鄭曼青自己寫的《鄭子太極拳自修新法》中，對「勁」的練習方法更加的明確。但如前述，雖提到了「至於牽動四兩撥千斤之作用，此乃科學之千斤頂」，但未有進一步的詮釋。

　　我一向以養生為主，將大家容易學會太極拳的養生功效，作為主要研究策略之一，出版過《太極拳動禪心法》，簡化練習流程為鬆身、拉筋、調姿、順氣、發功（武功）。我請中研院動物研究所同仁王清澄副所長寫序，他直接點破，從科學觀點，用法國科學家帕斯卡所發現密閉容器液體壓力傳導的原理來看氣的現象，堪稱神

來之筆。至此，我恍然大悟，終於提出勁的科學界定：**人體如同密閉容器，符合帕斯卡定律的液體壓力的傳導。**

當身體放鬆，位能下降，腳底感覺到液壓的變化，如同在腳底湧泉（穴）施加壓力，也就是「蓄勁」；該壓力擴散到全身，也就是「發勁」。其實一些生活中用到的工具，像千斤頂，還有剎車系統，也就是帕斯卡定律的應用。

從生物學角度而言，我認為太極勁是三個力的整合：

❶ **肌肉力**。愈少愈好，主要來自於腳底湧泉位置的向下踹（如同短跑的起跑），還有意守肚臍產生的一點點等長運動的張力。

❷ **地心反作用力**。自由落體一般的位能（或勢能）下墜愈大愈好，來自於肌肉的放鬆、骨盤的下放。

❸ **流體力**。帕斯卡的密閉空間，肌肉放鬆液壓傳遞順暢，運動過程中，韌帶鬆柔、延展順利，關節移動自在，沒有被扯後腿的不便，猶如風吹荷葉不倒翁。

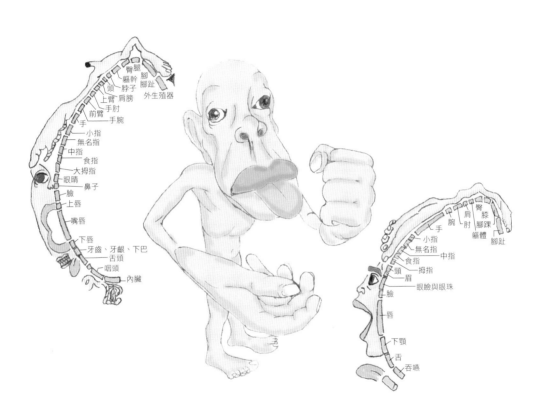

臀腿
軀幹
頭 脖子
上臂 肩膀
前臂
手 手腕
小指
無名指
中指 食指
大拇指
眼睛 鼻子
腋
上唇
嘴唇
下唇
牙齒、牙齦、下巴
舌頭
咽頭
內臟
腳
腳趾
外生殖器
手肘

腕 臀 膝
肘 肩 腳踝
手 軀體
小指 腳趾
無名指 中指
食指 拇指
頸
眉
眼瞼與眼珠
臉
唇
下顎
舌
吞嚥

☯ 人腦內有感覺小人區與運動小人區，經由腦神經元突觸網絡的作用，建立感
覺與運動的連結。腦的快樂學習與記憶功能，能讓此突觸網絡維持在良好的
認知狀態。禪勁太極養生的運動，即是以腦訓練知覺與運動之間的連結。

為什麼太極勁能養生？

從生物學角度，我認為太極勁能夠養生的原因有五點：

❶ 利用大自然物理能量，減少生物能的使用，也就是減少粒線體雙面刃的傷害。

❷ 虛實分明的陰陽太極身的運動，有利於鬆身拉筋，經絡暢通，筋骨健壯。

❸ 組織液的靜水壓、流水壓不斷，造成流水不腐，細胞健康。

❹ 靜下心，覺知及運動神經系統能力增強，身心調和。

❺ 培養出精益求精的精神。練習過程，為了知道肌肉的放鬆，還有勁（氣）的流動，身心都要安靜；為了動作精準，也養成了百尺竿頭，更進一步的心態。

這裡先點到為止，在第二章的「道法自然的六大理論」有詳細說明。

中國人早就實證太極養生功效，西方科學也同樣證實這樣的觀點（Huston and McFarlane, 2016）。西方醫學可以根據實驗得知太

極運動的功效，但還不夠瞭解箇中原理。由此可知，太極養生不是玄學，也不是老人、病人才要學，而是預防醫學，應該推廣到各年齡層。

鄭曼青的弟子的弟子 P. M. Wayne PhD 著有專書 *"The Harvard Medical School Guide to Tai Chi"*，由哈佛醫學院單位共同研究與推動，太極拳與健康的指引，雖然對太極勁沒有科學精準的界定，但西方醫學界已經藉由醫療成效的數據分析，瞭解太極禪修運動治療（Tai Chi Meditative Movement Therapy, MMT）對抗老人病有減輕症狀以及預防效益，包括預防跌倒，減緩骨關節炎，減緩帕金森氏症，加速慢性阻塞性肺病的復健，以及提高認知能力（Huston and McFarlane, 2016）。加拿大的醫師可以開處方讓病人接受太極MMT治療，費用由政府補助，顯見太極對人類健康的功效已獲國際醫學界認可。

養生三理

世界上的任何事物，處處都有陰陽二相，交互作用後，提升到更高層級，謂之「太極」。養生不只是為了健康，更是為了提升個人能耐，完成個人被賦予的天命，用時間換取更高層級的人生意義。

傳統國人養生有三理：生理、心理、哲理；健康的身體，健全的心智，慈悲的心靈。養生要先養身，身心健全才有智慧、慈悲，

才能經國濟世，普渡眾生。現今，大家都要求科學的實事求是，一定要有一套科學的養生邏輯思維。這裡，我提出幾項要點：

1 要先瞭解身體結構特徵。

2 要瞭解身體的運動機制以及限制。

3 要瞭解身體有硬的骨頭，也有70%的水，因此有流固耦合的運動。

4 有地心引力的作用。

5 最重要的是，你用身體的什麼部位過日子？當模特兒、做打手、做苦力、用腦力、為師者（所以傳道授業解惑）、當CEO，或是經國濟世的政治家等。

有了這些明辨，你才能夠有效的追求健康快樂的養生活動！

道家養生強調性命雙修，在操作上，我認為落在「禪勁」二字。「禪」以心為主，就是覺知。學習覺知自己的身體，傾聽自己的身體，進而知道怎麼善待之，是腦子的運作。「勁」是流體力學為主的液壓變化，使身體達成流水不腐的機能運作，是練太極拳時勁的運作。

生命在於運動，長壽在於靜養

人類的運動也要有一個加壓（力）系統。身體在地面上下跳

動，就會產生加壓功能，造成體內流體的循環，有助於氧氣、營養物送入細胞，排出廢物。這種骨骼、肌肉、韌帶的運動（Myers, 2016），會花費不少的生物能量。

　　能量有內力、外力的差別，細胞裡的粒線體分解物質，釋放三磷酸腺核苷（Adenosine Triphosphate, ATP）的能量，讓身體做工；但在分解過程中，也產生有害的氧離子，也就是自由基，會破壞細胞膜的脂肪酸，殺死細胞。所以，粒線體是兩面刃（Cadenas and Davies, 2000）。粒線體如果不產生能量，人不會健康；但產生太多的能量，也會傷害身體。

　　太極勁用到大地的物理能量，節省生物能，也避免了粒線體的雙面刃傷害。此外，能放鬆肌肉，讓身體的位能下降，使重量沉到腳底（湧泉穴），也能藉由地心引力的反作用力而得到加壓的功能；又因為肌肉放鬆，身體內液體流動的阻礙降低，氧氣、營養物、廢物的傳遞與排出就能變得順利。

　　前者上下跳動的運動就好比陽剛，用到大肌肉，會造成氧債，容易疲勞或受傷；後者鬆沉，藉由反作用力的運動，則是陰柔，利用小肌肉的有氧呼吸，能消除疲勞，恢復健康。又因為大肌肉放鬆的緣故，身體會有鬆膨的感覺，加上體液流動順暢產生的勁，使得身體像針一樣的挺直，因此在太極拳裡稱之為「綿裡藏針」。

　　這兩種方法可隨自己狀況而選用。當需要培養肌肉的時候，就用陽剛的方法；需要靜養的時候，就用陰柔的方法。這兩種方法都

要用到腦的意識作用，才能達到身心合一。這兩種可簡稱為「肌肉力」與「流體力」，而這兩類也是陰陽相濟的運動。

禪勁太極養生的目標

　　動才能活，靜養才能長壽。首先要體認，自己的身心要自己照顧。有了這種心態才能自律，才有機會養好自己的身體及生命。要有信心可以改變自己的慣性，做長時間的打算，也就是活久的人贏。每個人都能活出健康、有作為又快樂的人生。

　　練習禪勁太極養生是一輩子的事。根據太極拳勁的成因，就可以有效的練習，設定學習的目標：**第一是改變行為，其次是道法自然**，不僅自我養生，也要顧及其他眾生。依序是找到自己的天賦，達成自己的天命，享受天命。設定自己的生命意涵，有意義的活得長久，就是贏者。不浪費自然資源，照顧環境，讓人們及其他動植物都能活得健康快樂，才是活著的意義。

　　禪勁太極養生的目標是生活化，不論是坐著、站著、走路等，都要能夠笑臉常開，鬆沉有勁，動能處處來自腳底湧泉。勁用在體內，以共振舒展經絡，活化氣血，用時間換取空間，獲得長期利潤。所謂空間，是身體的挺拔，筋膜鬆膨，韌帶鬆柔，走路時，肢體運轉空間增大。

　　練禪勁太極養生是不求武功，求養生。以太極拳鄭曼青大師

「吞天之氣，接地之力，壽人以柔」的大周天為目標；但要先經過鬆身、拉筋、調姿、順氣、蓄勁、發勁、整勁，以打通奇經八脈及大小周天。

　　練太極拳要靜下心來，緩慢的做動作，才有足夠的時間，清楚的感覺身體的狀況，就好像用自己腳底的湧泉，把自己的脈；用腦、用心放鬆肌肉，運動韌帶與經絡，也就是「以心行氣，以氣運身」，鬆得很透徹的時候，就可以感覺到「腹內鬆盡氣騰然」。

　　簡單的說，練太極拳是在以自己的身體作為練習的對象，鍛鍊大腦的覺知能力，還有運動能力。所以，練太極拳是同時照顧生理、心理的養生。養生所需要的勁，不用很大，只要能夠讓組織液流動，讓身體挺直，抵抗地心引力不跌倒，走路順當。在練養生太極的過程中，因為不是生死之搏，沒有壓力，可以快樂、放鬆的練。**養生太極最重要的是用心學會勁，所以我命名為「禪勁太極養生」。**

養生小筆記

什麼是大小周天？

　　小周天指的是氣通任督二脈：任脈從下排牙齒下行到會陰，督脈從會陰上行，經頭頂百會穴到上排牙齒。大周天指的是通任督二脈後，也打通身體其他經脈，也就是勁由湧泉經下肢上到命門，到膏肓，經上肢勞宮，過百會，下到印堂、到舌、到膻中（胸口）、到丹田、過會陰、經下肢、回到湧泉，完成一循環。

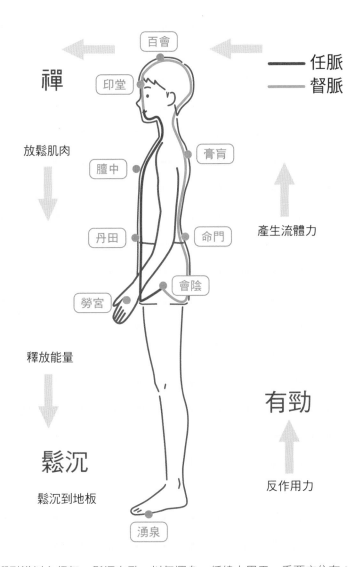

禪引導以心行氣，鬆沉有勁，以氣運身，循繞大周天。重要穴位有：
丹田：位於肚臍往體內方向1.5寸之處，或肚臍周圍都可稱「丹田」。
湧泉：位於腳底中間凹陷處，在足掌的前三分之一處。
命門：位於第二腰椎棘突下凹陷中，與肚臍相對。
膏肓：位於背部肩胛骨內側，屬膀胱經。
百會：於頭頂正中最高點。

第二章

道法自然的六大理論

道法自然的養生結構

　　宇宙是由波和粒子所組成的，動態來講就是「波」，也就是液態；靜態來講就是「粒子」，也就是固態。中國文化有所謂氣化宇宙論，意即天地萬物為一體的大生命整體觀。有興趣進一步了解的，可參考余英時《論天人之際》一書的序文。

　　這種宇宙現象用數學來表達，是一種能量的消耗，而能量可以相互傳遞，整個宇宙就是個耗散系統。我們在養生的時候，先了解能量消耗的道理，消耗掉了就必須補充，如同人餓了要吃東西，身體獲得營養，也就是補充了生物能。

　　天地陰陽極致演化而誕生人，人是演化極致的表現。人要活得健康快樂，則需要養生補充能量。「物理」指的是地心引力，從地球獲得能量；「化學」指的是吃東西，從食物中獲得養分；「生命」指的是人體70%由水構成，體內的養分流動於血液與經絡之中，就像循環不息的河流。

　　這些外面的能量和身體的能量以「波」的形式傳遞，能量交流的過程是「共振」現象。聲音、陽光也都是能量的形式。例如，當我們晒太陽時，身體接受到熱能，組織液在體內流動時，

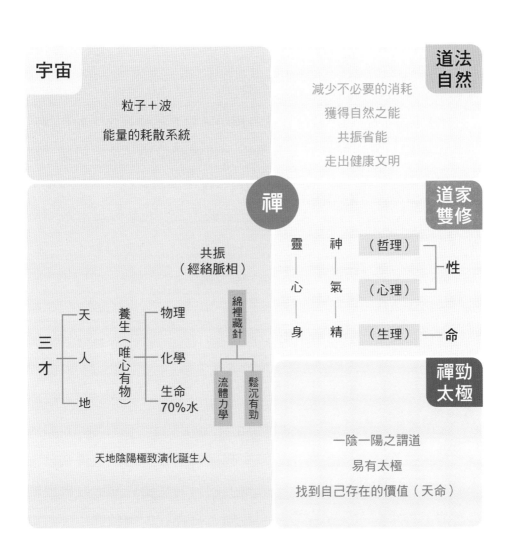

宇宙

粒子＋波

能量的耗散系統

道法
自然

減少不必要的消耗

獲得自然之能

共振省能

走出健康文明

禪

道家
雙修

共振
（經絡脈相）

靈　神　（哲理）
｜　｜　　　　　　性
心　氣　（心理）

三　天
　　人
才　地

養生
（唯心有物）
物理
化學
生命
70%水

綿裡藏針

流體力學

鬆沉有勁

身　精　（生理）　命

禪勁
太極

天地陰陽極致演化誕生人

一陰一陽之謂道

易有太極

找到自己存在的價值（天命）

☙ 道法自然的養生結構圖

也是以波的形式。為了達到共振的效果，身體要鬆沉有勁，藉由下降位能獲得地心引力的能源，讓體內的流體在波動。流體力學講的是組織液在身體跑的狀態，也就是「勁」；人透過身體的感覺器官所感受到的狀態，就是「氣」。

練太極拳的目的，就是要讓身體的感覺系統敏銳化。如何讓感覺系統敏銳？方法就是要安靜下來，也就是中國文化中所講「禪修」與「禪定」的功夫。而養生的要領就是道法自然，其操作的方式為：

① 減少不必要的耗能。

② 獲得自然之能。

③ 共振省能。

④ 走出健康文明：走路是養生的重點工作。

人在養生過程可分為三個層級：身、心、靈，相對應的是精、氣、神與生理、心理、哲理。道家講性命雙修，意指心理和哲理統稱為「性」，生理為「命」。養生的目的是要先照顧好自己的身體與心理，接下來照顧眾生，找到自己存在的極致價值，也就是「天命」。唯有了解人與自然緊密相關，我們才能道法自然，向環境學習養生。

道法自然的太極勁：六大理論

　　知己知彼，才得以攻無不克。這裡討論的六大理論，都是生物學在演化中的自然現象，藉由科學的研究認識清楚其脈絡。所以，太極勁是科學的，也是道法自然的。這些論點都是交互作用，要融會貫通才能知其所以然。在下面文章中，我們將逐一介紹道法自然的六大理論，以及與禪勁太極養生的關係。

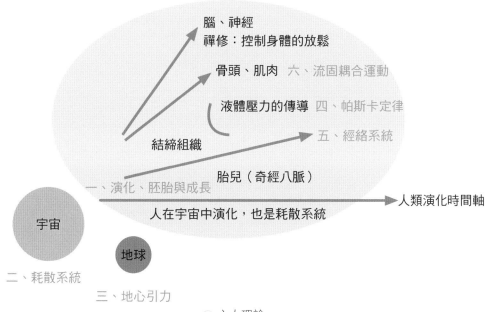

🌀 六大理論

演化、胚胎與成長

　　在人類歷史的大部分時間裡，人們必須靠體力活動，才能獲得食物和生存的機會，因此我們的身體不僅是為了運動而生，大腦也是。生活在數位時代的大腦，依然是生活在非洲大草原的石器大腦，多年前以狩獵為生的祖先所居住的地方。**1**

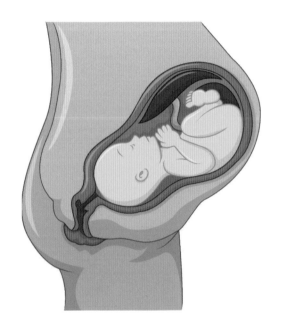

🐚 胎兒生存所需養分從母親的臍帶送進來，運送過程中不需要很大的動力。也就是說，胎兒有非常具效率的液體分配管道系統和經絡系統，才能發育成長。

1　安德斯・韓森（Anders Hansen），張雪瑩譯，《真正的快樂處方》。臺北：究竟出版社，頁 019、頁 245。

　　從胚胎發生演化的角度來看，胎兒在母親子宮的羊水裡，生存所需養分是從母親的臍帶，經由胎兒的肚臍送進來的。這個運送過程並不需要很大的動力，因為胎兒在羊水裡非常的輕柔。同時，胎兒有非常具效率的液體分配管道系統，也就是經絡系統，所以才能夠發育成長。胎兒落地之後，液體管道系統依然完整好用，嬰兒只能用流體力鬆柔的活著，但要改用肺呼吸，要抵抗地心引力，也要發展出肌肉系統。肌肉的發展讓孩子能夠站起來走路。

　　人類就是有這麼好的經絡系統及肌肉系統，才能有效的打獵，得到食物生存而且繁衍很多子孫。運動時動作的肌肉，又稱「橫紋肌」，是大腦可以透過神經直接支配的肌肉，所以又稱為「隨意肌」。然而，在成長過程中，橫紋肌的使用逐漸使身體不再鬆柔，加上現代社會的生活型態改變，以車代步、長時間久坐形成的習慣，導致身體前彎萎縮，僵硬遲鈍。大腦與身體密不可分，缺少運動則令人產生了焦慮、憂鬱等現代文明病，甚至生命也受到危害。

　　太極勁的養生，以返老還童為指導原則。幼兒脊椎呈C形，隨著成長，頸椎抬起來；為了爬行，命門內凹，形成延展的大S型；站起來之後，為抵抗地心引力，要像針一樣的頂天立地，又可適度的彎曲。人在成長過程中，可適度的變更脊椎骨間的位置，達成調整姿勢的目的。

　　練拳過程中，「按」的後退動作，強調命門平整，脊椎彎弓

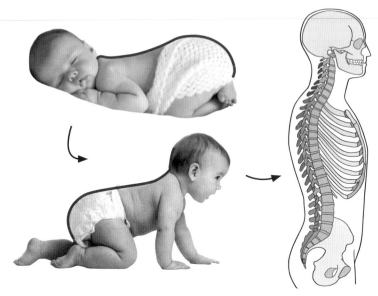

💮 脊椎骨的發育從C型到S型。

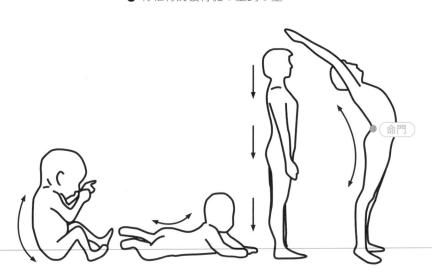

💮 第二腰椎命門的保護是養生重點。在發育的過程中，淺背線的縮短令我們從
胎兒的捲曲姿勢，逐漸長成身體前後平衡的直立姿勢。當淺背線更加縮短
時，則讓身體產生向後伸展的動作。

像C形；前進，脊椎拉直，像放箭。這些動作都是身體回歸嬰兒時期，最原始、最自然的狀態。

　　走路是日常生活行為中，是最簡單方便的養生運動。走路最主要是用腳掌，大腿脛氣的保養與強化是養生的重點工作之一。按照鄭子太極拳的訓練方法，可以加強脛氣，例如要求做到腳掌平貼，湧泉著地，足跗軟如綿，鬆沉如坐著打拳，拎腰落胯。後腳發勁

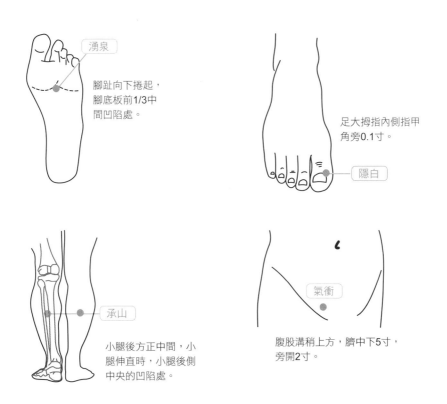

湧泉
腳趾向下捲起，腳底板前1/3中間凹陷處。

足大拇指內側指甲角旁0.1寸。
隱白

承山
小腿後方正中間，小腿伸直時，小腿後側中央的凹陷處。

氣衝
腹股溝稍上方，臍中下5寸，旁開2寸。

🐣 與脛氣有關的穴道，對於走路這個最簡單的養生運動來說，十分重要。

過程中，腳底的湧泉穴（腎經），大腳趾內側隱白穴（脾經），小腿肚的承山穴（膀胱經），還有鼠蹊的氣衝穴（胃經）都跟脛氣有關。脛氣足夠的話，走路就沒有問題了。

耗散系統

宇宙是一種耗散系統，以波的形式傳遞能量，當能量消耗掉，必須再從周圍環境補充。人體也是一種耗散系統，沒有能量進來就喪失功能。身體內的能量同樣以波的形式傳遞，可以相互共振，也就是透過波，把能量從一個系統傳到另外一個系統。

耗散結構聽起來很難理解，其實在日常生活隨時可見，例如瀑布、溫泉、火焰、漩渦、龍捲風，還有天空上變化多端的雲朵等。舉例來說，瀑布是一種動態結構，當高水位的水不停的供應時才能存在，一旦高水位的水流停止，瀑布也就不存在。又如蠟燭上的火焰，因為不停的耗能，火焰才能存在。也可以說，耗散結構是一種活的結構。

簡言之，**耗散結構是一種動態的結構，需要不斷的能量供應才能存在**。張長琳在《人體的彩虹》提出了一個嶄新的觀念：人體是個生物能量場，而人體內的這種能量分布是由電子波形成的耗散結構。唯有瞭解這種耗散結構，才有助於重新認識經絡這個古老又神祕的醫學，而耗散結構的重新發現，更是醫學上的一大革命。《人體的彩虹》指出：「發現經絡系統的功能所對應的結構，並不是傳

統意義上的靜態結構，而是一種耗散結構，並且是電磁駐波形成的耗散結構。」[2]

當人體的能量耗散了，要怎麼辦呢？一般來說，人會想吃東西來補充能量，但這只是其中一種方式，能量可以來自於：

❶ **食物**：經過化學作用釋放出來的生物能。

❷ **物理的能量**：包括熱能、風能、光能、位能、音能、地心引力。

❸ **身體流體力學產生的勁。**

❹ **別人的能量**：例如人受傷或衰老，讓別人扶持走路，也是一種能量的獲取；相互之間推手，也是獲取對方的能量。

人的成長過程歷經了嬰幼兒、孩童、青少年、中年到老年的階段，身體不斷的運作使用，體內組織器官隨著時間老化衰敗。總而言之，耗散系統的命運是愈來愈散亂，唯有集中力量，才能提升轉進到另外一個更高層級，名之為「太極」的系統。

練太極（拳）勁養生就有這種提升的功效：**攝心與精進**。集中心力在最小的空間，做出最精準的動作，以得到最有效的養生效果，讓身心靈統一，臻於天人合一。練習過程中，為了知道肌肉的

2　張長琳，《人體的彩虹》。臺北：大雁文化出版有限公司，2010，頁133、頁136-137、頁145。

放鬆，還有勁（氣）的流動，身心都要安靜。為了動作精準，也養成了百尺竿頭、更進一步的心態。因為靜下心，覺知及運動神經系統能力增強，也能達到身心調和的功效。

地心引力

我們生活在地球上，無時無刻都受到地心引力的影響，可是我們對地心引力的作用毫無察覺。我們只知道，走路會跌倒，蘋果會掉下來，水會往下流。藉由太空人，我們才了解到地心引力如何影響身體。

太空人從地面飛上太空，因為失去地心引力了，身體組織液平均分配，頭部充滿組織液而變得圓圓的。此時，位於中樞神經系統控制泌尿的區域，感應到液體變多，就會做出趕快排尿的指令。此外，在地球上的我們，骨骼肌肉和韌帶讓我們能抵抗地心引力，支撐起身體來做運動。但是，太空中沒有地心引力，肌肉、骨頭便怠工，因此太空人會有骨質疏鬆症。

在地心引力之下，人類經過長時間的演化成長，經常要興奮神經來引起肌肉收縮（緊張）而產生力量，以抵抗地心引力並進行各種活動，所以要花些生物能量，才能在地球表面上活動，而不必要的活動就是能量的浪費。

練太極（拳）勁則是反其道而行，讓腦內的神經衝動減慢，肌肉不那麼用力（不緊張），韌帶就變鬆，身體重量向下掉，促

使反作用力上來。**反作用力也是一種能量，學太極（拳）勁的第一要務，就是要學習如何運用這個反作用力**，不僅不要浪費生物能量來抵抗地心引力，反而要運用地心引力來生活，用最少的能量來創造最大的效益。

了解到這個原理，我們可以利用地心引力來練習太極（拳）勁。太極（拳）勁主要來自身體鬆柔，位能下降，如同自由落體經過地心引力的反作用力，在組織液系統傳送。於養生方面，節省了生物能，並讓組織液系統順暢的流動，還利用地心引力的反作用力來調整身體的姿勢，讓身體挺拔起來，同時保持鬆柔、鬆沉有勁，走起路輕鬆愉快。

練太極（拳）勁養生時，身體必須挺起來，挺的姿勢不是挺胸，而是提腰、含胸、拔背與豎頸，使身體中定。經絡、肌肉、骨頭、韌帶的結構及整體聯合協調動作的特徵，是用最少的力量把它們相互的拉開來。

以身體中定、肌肉放鬆、重量沉到湧泉所產生的反作用力，來抵抗地心引力。這種挺起來的現象，國人給的字眼就是「針」。這時，身體被撐的鬆膨鬆膨的，猶如絲綿，就是太極養生中「綿裡藏針」的狀態。要經常訓練自己有綿裡藏針的感覺，因為當身體在絲綿似的鬆軟狀態中，會增加體內細胞的氧氣，又能活化免疫細胞達到健康效果。

人的身體有不同大小的管道，例如血管、淋巴管等，裡面有組織液，細胞泡在組織液裡流動，讓養分進出方便，廢物能有效排出，因此細胞才會健康。人體有70%是水，又可視為是一個密閉的容器，因此帕斯卡定律可應用在身體。**人體有三套符合帕斯卡定律的密閉液體液壓系統，分別為：血管系統、骨頭系統與肌筋膜系統。**

1997年，Royde提出在人類生理學的體液水力學（Fluid Hydraulics in Human Physiology），他指出人體之中有水力結構特徵的有14項之多。2011年，塔夫茨（Tufts）大學的Pitkin教授提出漂浮骨頭（Floating Skeleton Concept）的概念，說明水力液壓系統出現在骨頭跟骨膜之間。也就是說，全身的骨頭都泡在這個系統之中。2013年，Pitkin提出養成健康骨頭的運動操。

2014年，Pitkin所領導的研究團隊，發現壓力可以在關節間傳遞。他們用兔子做實驗，同時測量兩隻腳關節內的靜水壓（Hydrostatic Pressures），拉動其中一隻腳，也就是該腳的關節被動做運動，作為實驗組；另外一個關節靜置不動，作為對照組。結果發現，靜置不動的關節也可以量到如同被動運動關節的壓力變化。當實驗組的關節上端的骨膜切割斷離之後，對照組的關節就量不到壓力變化了。

這個實驗印證他們所提的：關節囊之間的水力連結（Hydraulic Connection）現象。他們闡述，壓力是在骨頭表面

跟骨膜之間傳遞的，因為關節囊的水力系統能夠讓壓力從一個關節傳遞到附近的關節，甚至全身的關節。Pitkin團隊所探討的流體力學也出現在胸腔、腹腔和脊椎骨間。腹部可視為一整個球狀構造，稱之為「液球」[3]（Fluid Ball）。當守著腹部的丹田，液球的液壓傳遞非常的直接有效。

　　一般大眾對水力學的帕斯卡定律不是很瞭解，但是開車的人都有踩剎車的經驗，剎車系統就是利用帕斯卡定律。我利用剎車做類比，來練太極勁。剎車過程有五個步驟：

❶ **腦子想著要剎車。**

❷ **腳要產生力量。**緊急剎車是大肌肉的力，緩慢的剎車是小肌肉的力。

❸ **腳踩剎車踏板。**就太極拳而言，剎車板就是湧泉。

❹ **油壓管。**在人體就是經絡，不通就叫做氣脈不順，通了就是健康。

❺ **標的物。**在剎車系統是車鼓，對人體而言則全身都是，但可以在特定部位感覺到，譬如站著的時候，就是頭頂，有「尾閭中正神灌頂」的感覺。其實，全身處處都是剎車踏板，所以太極拳大師說「處處都是丹田」。

3　Pitkin MR (2011)，Biomechanics for life:Introduction to Sanomechanics. Springer, New York.

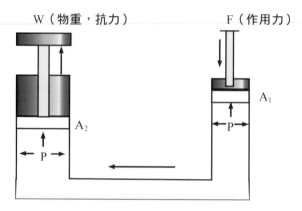

W（物重，抗力）　　　F（作用力）

A_1

A_2

P

P

🌀 **帕斯卡定律**：在密閉的容器裡，靜止的水中，任何一點增強的改變，都會如實傳遞到水的其他點上，而且此壓力沒有方向的差異。利用這個原理，人們發明的水壓機，換輪胎用的千斤頂，都是依據此定律。

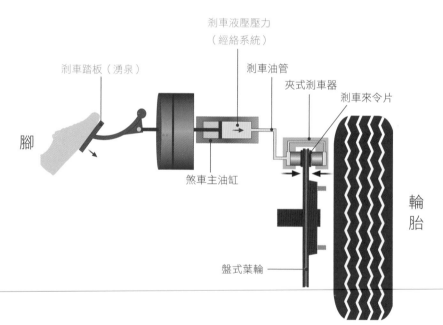

刹車液壓壓力
（經絡系統）

刹車踏板（湧泉）

刹車油管

夾式刹車器

刹車來令片

腳

煞車主油缸

輪胎

盤式葉輪

🌀 **液壓刹車系統**：左側的刹車踏板如同我們的湧泉，液壓系統如同我們的經絡系統；腳輕輕的一踩踏，產生很大的力（流體的勁），就可以把轉動中的輪子停下來。

依據帕斯卡定律也就能夠解釋，為什麼要使湧泉接地，做到「足胕軟如綿」。太極拳高手能做到一舉動，周身輕靈貫串，處處是丹田。鄭曼青大師四十年的練拳心得是「吞天之氣，接地之力，壽人以柔」，也就是功夫做到全身鬆透，「勁」遊走全身無障礙，如同水到渠成。

經絡系統

想一想，古代的人在野外打獵，手腳眼睛要怎麼協調，才能夠獲得食物？其實，演化上早就布置了液壓系統。在不對應器官的奇經八脈中，也就是陽蹻跟陰蹻，從腳跟外側的申脈穴、內側的然谷穴，一路連結到眼睛。這一套流固耦合的系統，讓人類得以生存。

古代有能人因為身心很安靜，可以感覺到身體裡頭有東西在傳動，將之稱為「氣」，再將這些位置記錄下來，體悟到經絡的存在，後來逐漸整理，完成了經絡系統。經絡系統有四大次系統：**經脈、經別、絡脈**與**經筋**系統。其中，例如對應器官的腎經負責水的管控，它的經脈跟陰蹻，都經過腳踝內側的然谷穴，可見經絡互相支援。

練太極拳最主要的是在講奇經八脈，奇經八脈是胎兒的時候就有，胎兒的液體、養分的輸送是透過奇經八脈，當它發育正常的時候，胎兒就能活下來。出生以後，這些功能都還在使用。為了生長成熟的需要，身體會發展出一套經脈系統，連接臟腑和四肢，並依

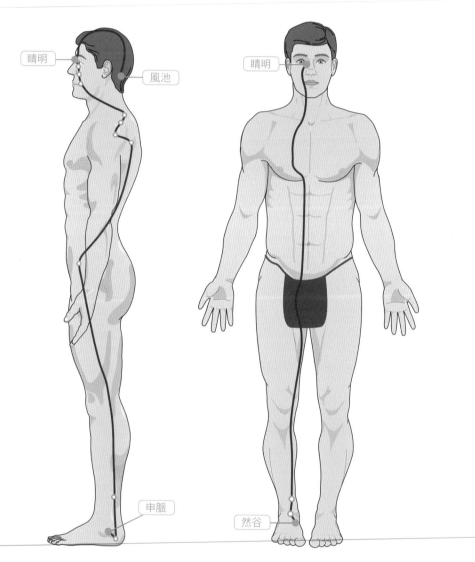

晴明

風池

晴明

申脈

然谷

🐾 右圖為陰蹻，從腳內側的然谷穴至眼睛下方的晴明穴；左圖
為陽蹻，從腳外側的申脈穴，經晴明穴到腦後方的風池穴。

據各個組織分工分類，以便運送營養物質，這個系統就是十二經脈系統[4]。沈邑穎的《經絡解密・卷六》詳細說明了奇經八脈的原理，有興趣的讀者可以深入閱讀此書。

奇經八脈與十二經脈系統如同一座城市的交通系統，當交通順暢時，車子就能自由移動到各處，不會有塞車的問題。當人體內的經絡通暢時，養分可以自由運輸，身體就會比較健康。

二十一世紀初期，市面上有很多有關肌筋膜解剖生理應用在治療與健身的書，如《圖解人體實用經絡手冊》、《肌筋膜健身全書》、《解剖列車》等，都將肌筋膜說明得很完整。筋膜不僅是通則不痛的治病，更是長壽的機制。當筋膜健康時，細胞以及其水環境健全，免疫細胞增多增強，幹細胞就能發育正常。

肌筋膜可比擬成人體張力網，當它縮短，走路或站立姿勢不對時，都會造成身體的不適。肌筋膜如果沾黏了，就像衣服打了褶，只要透過太極拳、八段錦這類的運動，延展肌筋膜，就能將之拉一拉、順一順。傳統的推拿、拔罐、針灸、飲食治療，都可藉水力學的解析而獲得更有效的處理，因此體液水力學跟養生有相當的關聯性。

全身的肌筋膜（Fascia）更是個液壓系統。肌筋膜是個布滿全身的網狀構造（Myers, 2016），因此在勁的傳遞上，無所不在，處

4　沈邑穎，《經絡解密・卷六：腎經＋奇經八脈》。臺北：大塊文化，2021，頁128。

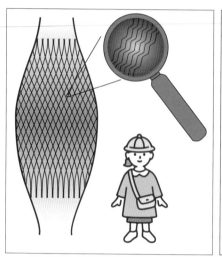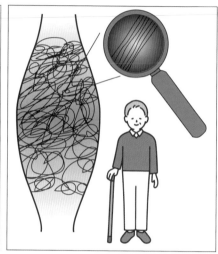

👉 孩童（左）對照長者（右）的筋肌膜纖維圖。

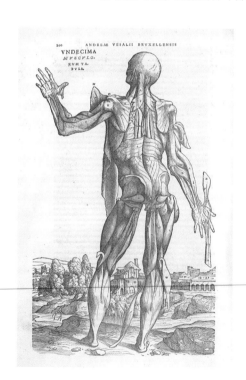

👉 文藝復興時代的解剖學家安德雷亞斯·維薩里（Andreas Vesalius）的圖，呈現將全身貫連起來的結締組織——筋膜。

處處都有。肌筋膜沒有明顯的管狀構造，因此，要以注意力來造成
太極拳勁的傳遞方向。也就是說，想到哪裡，張力就發生變化，那
一個點就變成勁的傳遞端點。如果將人體比喻為一個地球，漢醫強
調垂直經度的經絡，藏醫重視橫向緯度的輪，其實是一樣的道理，
二者可以互通。

宙斯（或波賽頓）圖。大部分的備戰動作會連接手臂至對側下肢，
以增加力臂，太極勁則會下延到湧泉穴。

流固耦合運動

在生物學中，生物體內有硬、有軟的構造，就是流固耦合；在工程學上，斜張橋原理也是流固耦合。人體有三個力的耦合：

1 流體力學裡的液體跟氣體，也就是腹式呼吸跟胸式呼吸要耦合。

2 身體軟的部分跟硬的部分要流固耦合。

3 身體跟大地之間要結合好。

在西方運動認知，只有神經、骨頭、韌帶與肌肉等四個元件的協調整合，東方內家拳增加液壓，充分發揮人體的流固耦合特徵。骨頭很明顯的是固體，肌肉跟韌帶則介於流體與固體兩者之間：太緊張，就有固體的特徵；鬆軟一點，就有液體的特徵。身體的骨頭，從腳到頭就好像一系列的火車鐵軌，骨頭跟骨頭之間的關節就像是火車站，這一現象稱為「解剖列車」。

人的橫紋肌有大、小肌肉的分別，大肌肉做功，動作快，屬無氧呼吸，會造成氧債；小肌肉動作慢，屬有氧呼吸，可持續長時間運動。練太極拳要打得慢，才會訓練到小肌肉，又因為大肌肉放鬆不用力，讓小肌肉承受身體的重量，集中核心肌群的訓練。所以，練拳的過程必然會感受到疼痛，而練到一定程度就不會疼痛了。

東西方人觀看事物的方式不同，顯示出思考方式的差異，東

方人更顧及全面整體，西方人比較聚焦於個別要素。《天下雜誌》（2017年，2月號）曾報導了密西根大學的尼斯貝特（Richard Nisbett）做了一項眼睛追蹤研究，發現來自東亞的受試者，會花更多時間看一張圖像的背景，瞭解脈絡，而美國人通常會花更多時間，集中觀看圖像的焦點所在。從上面的研究我們可以看得到，東西方的思維模式大異其趣，且各有優缺點。

在醫學領域上，也可以看出東西方文化的不同。東方人看到的人體是水很多，很像蠶的樣子；西方人強調，每一條肌肉都要清清楚楚。這顯示出，東方人看到柔軟的結構，西方人看到硬的結構。在全球化的今天，要隨著東西方文化與科學、醫學的交融，才能看到更全面的事物。

從醫學發展來看，過去一向西醫系統為主，並不強調中醫，認為中醫缺少科學理論基礎。然而現在，愈來愈多有識之士參與中醫學的探究，採用科學的方法和知識，鑽研古人深不可測的智慧，以淺顯易懂的文字傳遞給大眾。現代醫療已有所改變，大多數會採用中西醫合併，治療效果也會提升，其實這是陰陽兩極的特色，東西合璧、陰陽相濟，就有流固耦合的特色。

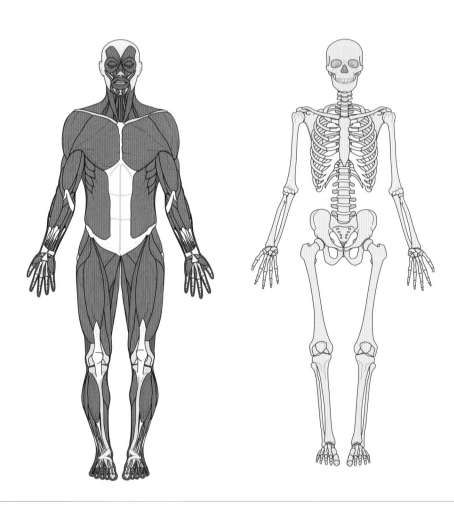

身體軟的部分（肌肉與韌帶）跟硬的部分（骨骼）要流固耦合。

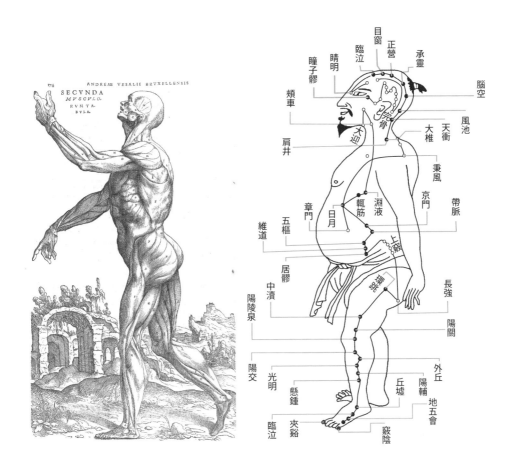

☯ 東西方人所見身體特徵：維薩里〈人體結構七卷〉（左），滑壽《十四經
發揮》的足少陽膽經（右）。

第三章

實踐太極

心的認知

先覺知身體的狀態，感覺肩頸、手臂、胸部、背部、大腿、膝蓋、小腿、腳踝等部位的肌肉是鬆緊，然後放鬆，讓身體重量往下掉，鬆沉下來；接著感覺反作用力上來，勁在體內跑，就是有勁；此時感到氣（勁）行小周天，重要部位穴道如丹田、湧泉、命門、膏肓、百會都要逐一放鬆，最後達到儒家所說的坐忘境界。

接下來，將從「心」與「身」兩個部分來說，如何實踐太極。

養生的目的

先想清楚健康、快樂、長壽的目的是什麼？再分析比較什麼養生方法，對自己比較適宜。如果不知道，就試著學這、學那，找到適當的養生方法。如果你想用中華傳統的太極拳養生，那就請研究本書的第一、二章，多多了解帕斯卡定律。

太極禪勁養生的練習原則為「信解行證」：首先相信、了解原理、實際操作、反覆證實。如果看不懂，那就先相信太極養生是科學的，並努力學習之。練拳與修心是一樣的道理，要往

身心深處體會。

養生之道在於自然放下。過程中，先有為法，心力一面放下，一面轉為無為法，處處覺知自己的起心動念，自己的身體狀況，自己所處的周遭環境。學習就是一再的重複直到養成習慣，路很長、但值得投資，持續的練習就得到健康、快樂、長壽。

練習太極養生首重內心的建置，心存慈悲，臉上展開觀音的慈悲相；動作柔順，心不急，快慢隨狀態調適。

力、勁、氣的明辨

在太極養生有不同的力、勁、氣，要加以明辨，經過長期練習後，就能充分覺察到它們的不同。**「以心行氣，以氣運身」是太極拳經典的論述**。但是，「氣」很難琢磨，用「勁」這個字代替氣，就容易操作。前一句話是說用心放鬆身體，讓重量沉到腳底（位能下降），腳好像踩在泥土裡，也就是「蓄勁」；以蓄勁而得的反作用力向上傳，也就是「發勁」，到了頭頂，就是「頂勁」，身體有點振動（有氣感）。

這個勁讓身體運動，勁也就無所不在，腳底、手指都可以感覺到，也都可以應用於日常生活。覺知勁的存在，覺知勁的應用，也是一種禪修。整體而言，可以提升大腦的運作以及意志，也就是增強了心智與心力。

練習的過程中有五個力：**心（腦）力、肌肉等張運動的力（拙）、等長運動產生的力（內勁，自己體內張力改變形成帕斯卡流體力）、地心反作用力**，以及**流體力整合而成的勁**，當然還有**別人加在你身上的外力**。先分清楚了這幾個力，再逐漸的消除橫紋肌力，讓腳底的勁產生以後，要練內勁。此外，有肌肉不用力跟肌少症是兩回事，先練放鬆肌肉、鬆沉有勁之後，再練回肌肉，也是陰陽相濟的應用。

笑著吃苦當吃補——腦內啡的應用

養生就是要快樂，練拳時保持心情愉快，嘴角、眼角、眉心要隨時敞開微笑，不只會很快樂，而且氣（勁）也比較容易在臉上展現出來。要想利用地心引力的反作用力，就會心想事成，也就是「身在哪裡，心在哪裡；心在哪裡，身在哪裡」。

練拳初期，必然會痛苦，因為練太極拳主要是練放鬆大肌肉，拉動筋，才能練到慢動肌（小肌肉），動作要慢；也因為放鬆快動肌（大肌肉），慢動肌得承擔很多的重量，因此會感覺身體肌肉很疼痛，特別是腿腳。此時，唯有面對痛苦，承受這些疼痛，就能夠克服學習的障礙。此外，還要耐得住求道過程中所受的苦難，為求法而能堅忍。練拳一定要吃苦，吃不了苦，就練不成；所以，吃苦就當作是吃補。

當身體很疼痛的時候，大腦會分泌腦內啡來解除疼痛。簡單的說，不疼痛，大腦就不會分泌；分泌了，就會感到快樂。所以說，「痛快」就是「先痛後快樂」。根據這個原理，**練習禪勁太極養生就要有一定程度疼痛的運動量，才會產生腦內啡，才能感到快樂，得到成效。**

知陰陽——陰陽相濟的應用

練習過程處處是陰陽互動，由外而內、由粗而細、由動而靜、由快而慢、由簡而繁、由下而上、由養生而武功，最後反向操作進而融合為一體。覺知運動也是一對陰陽，要相濟，覺知到太緊就要放鬆，太鬆就要用點力，調整張力。

練太極拳養生一定要知道自己身體陰陽的區別。當我們說含胸拔背的時候，胸部是陰、背部陽。頂勁，就意涵著頭頂是向上的陽，腳下是蓄勁的陰。蓄勁、發勁也是一對陰陽。當身心放鬆，位能下降，蓄勁蓄滿之後，就如同陰陽互換，發勁就自然來到。當刻意想要蹬腳發勁，身體就不鬆，而阻斷了流體力一勁的傳遞。

練太極拳就是隨時隨地作好身體的陰陽調和，這樣我們身體會處於較佳狀態，才有機會更進一步的養生。練拳的過程中，要同時做到陰陽交替。練拳時，要注意力集中，放鬆身體，讓

位能下降，覺察腳底湧泉壓力變化。由此處反作用力上來的勁，讓它透過肢體的拉筋運動與經絡的延展，擴散到四肢，這在陰陽的概念上是屬於陽。打完拳休息的時候就放下，更加的輕鬆。所謂的視而不見，不去想要做什麼，屬於陰。打拳跟休息也是一個調和陰陽身的作為。

大小周天

鄭曼青大師一再提醒，最難鬆的是胯，氣最難通的是尾閭，如何克服這個問題？首先要練覺知，時時覺知胯、尾閭這兩個部位，然後放鬆它們，這種覺知運動也是陰陽相濟的作為。另外，胯要擴充到髖關節的整體。而為了要讓氣更有效地通過尾閭，也能要振動到會陰。

太極養生以通奇經八脈為主，奇經八脈的任、中、督三脈都起於會陰，所以要把會陰周圍的髖關節、尾閭練鬆。大小周天要氣走督脈，所以要氣通尾閭。因此練拳時，要想著腳的湧泉，屁股的尾閭，腰的命門，背部的夾脊，也才能做到太極拳勁從腳底湧泉送到尾閭，到達夾脊，再到勞宮，而氣循走督脈（見頁37）。

身的操作

　　練太極拳勁的整個過程包含五項流程：**鬆身、拉筋、調姿、順氣、發功**，以及三勁：**蓄勁、整勁、發勁**，一共八個單元。大肌肉放鬆不用，這時候的動作都在動盪韌帶（即拉筋），調整姿勢以順氣來做為練習的指標。也就是說，當身體歪了，就會用到很多肌肉做收縮，產生力量來維持身體不跌倒。但是肌肉一用力，位能就不會下降，不會產生地心引力的反作用力。同時，也因為身體硬了，勁（液壓）傳遞不易，所以達不到綿裡藏針的功效。

　　運動的時候，肌肉是放鬆的，筋腱有像橡皮筋一樣延展的感覺。健康的身體是漾態，不是硬的固體，也不是軟的液體，亦不是果凍一樣的軟趴趴，而是軟中帶勁，這樣就有花漾年華、水漾人生的功效。

　　拙力是肌肉力，巧勁是流體力。在練習過程中，先用肌肉力調整出正確姿勢，在姿勢不變的情況下，逐漸放鬆肌肉力，這時候勁就產生了。例如，坐在椅子上，用肌肉力挺起腰桿，同時覺察屁股與板凳接觸的狀況。在高度不變的情況下，逐漸放鬆頭部、背部、腹部的肌肉力，檢查屁股重量變重的感覺，就好像自由落體的重量

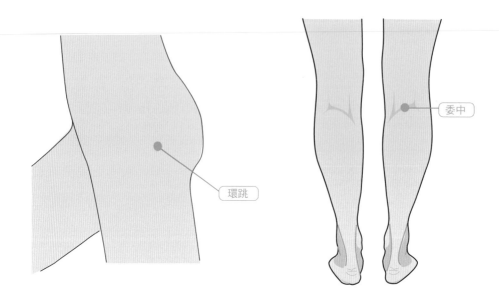

🐾 **委中穴**：膝蓋正後方，膝窩橫紋的中央；**環跳穴**：兩側臀部正
中央。站立並緊繃臀部，顯現出最凹陷處。

掉到剎車系統的剎車板，產生出來的流體力，讓身體鬆膨但仍然挺
直，這就有了綿裡藏針的成效。身體處處是丹田，只要重量掉到剎
車板，就會產生同樣的效益。

　　在練習蓄勁的過程中，要時時想著雙手像羽毛一樣的輕柔，這
種輕柔的感覺逐漸擴展到手臂、腳，到全身。在練習退、按勢，要
放鬆湧泉上方的腳背，放鬆腳跟的阿基里斯腱，放鬆膝蓋內側的委
中穴，一路向上，放鬆到胯，到環跳穴，讓坐骨周邊的韌帶都鬆
了，這樣整個坐骨就可以向下沉。

鬆身、拉筋

太極拳大師鄭曼青說，太極拳是陸上游泳，要想著身體鬆開浮起來的感覺，或泡溫泉讓身體放鬆浮起來的感覺。記得這種鬆的感覺，練習身體放鬆，重量沉到腳底，像踩在沙灘地，有液體壓力傳上來的勁的感覺。放鬆的要領可用模仿的策略來讓全身放鬆，包括想像自己身體如嬰兒一般，或是〈拳經〉、〈拳論〉上提到如羽毛一樣鬆，也可以想像自己身體像充了氣的氣球。

調姿

鄭曼青也說到，身體姿勢正確的幾個重要指標：

① 足跗要軟如綿。

② 打拳要圓襠有坐著的感覺。

③ 要尾閭中正，神（才能）灌頂。

④ 背部及命門（腰）要能夠向後彎成一把弓。發勁的時候，命門向上提，也就是提腰。譬如，當做「按」的姿勢、向後退蓄勁的時候，要拉弓，即命門向後；發勁的時候，提腰放箭，命門向上提。

⑤ 要含胸拔背，胸部放鬆下來，雙手及背部形成弓。

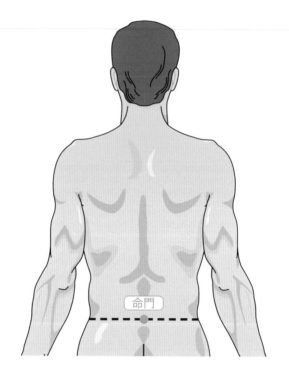

ᕦ **命門穴**：肚臍正中線，也是第二腰椎的位置。

⑥ 鬆肩墜肘。

⑦ 頭容正。

總之，姿勢調正了，氣也就順當。

第二腰椎為什麼叫做「命門」？

要怎麼保養、保護及加強功能？

　　命門的「氣」跟心臟冠狀動脈有直接的關係。很多心臟萎縮或衰竭的病人，是命門受傷的結果[5]。當命門受到壓迫，命門不鬆時，會直接影響到心臟。有了以上的瞭解，命門的保養方法就是放鬆，維持正確的姿勢，不要壓迫它。所以，我教幾個鬆命門的動作，譬如跳草裙舞、貼牆、撐腰落胯；走路的時候要意守丹田，放鬆命門。

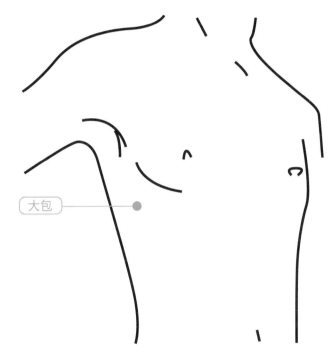

　✿ 大包穴：位在腋下6寸、在身體側邊線
　　上，大約在第六肋骨間隙。

5　王唯工，《氣的樂章：氣與經絡的科學解釋，中醫與人體的和諧之舞》。臺北：大塊文化，2002，頁49。

根、圓檔、虛實分明

　　為了求身體有根，也就是下盤的穩定，坐骨要下墜，同時提腰，提大包，讓上半身向上提。因坐骨下沉，肩帶上提，腰帶跟肩帶就能分別向下及向上兩端拉開，而使身體重心往腰以下沉降至湧泉。做到時，感覺腰胯之間分離了。當兩腳的髖關節都鬆開到可以向外拉，這時尾閭的韌帶也拉鬆，氣也就容易通過尾閭。當兩腳分開都有根的特質，在蹲馬步的情況之下就形成了圓檔。這時候，會陰也就拉鬆開來。

開胯　　圓檔　　開胯

🌀 往兩邊開胯蹲馬步，便形成了圓檔。

　　太極拳要求虛實分明，兩腳不可雙重（即重量不可平均放在兩腳），其目的是為了讓位能完全落到一腳，增加發勁的勁道。像樹根一樣插入大地的那一隻腳是實腳，另外一隻是虛腳。虛腳是什麼感覺？整條大腿從髖關節、膝蓋到腳跟的關節都鬆掉，就做對了。

中定——綿裡藏針的靜止

　　定式是每一式完成後，在下一式起動之間的靜止片刻。這個片刻用來調和心與身的共振，使勁在體內振盪到周身，又能回歸腳底湧泉，並行五心相通的安定作用。定式外在雖止，內在仍溫熱流動。

　　定式的姿勢基本上在於身體必須挺起來。不是挺胸，而是提腰、含胸、拔背與豎頸，使身體中定。此時的經絡、肌肉、骨頭、韌帶的結構及整體聯合協調動作的特徵，是用最少的力量把它們相互的拉開來。地心引力是以身體中定、挺起來、沉湧泉所產生的反作用力做抵抗。定式的靜止片刻，實際上就在做綿裡藏針的體驗。

頭容正

　　頭頸位置正確後有許多效益，從背部上來到脖子兩側，還有喉頭部分，整個經絡脈象就會走得很順，會有頂天立地的感覺。練的方法是先鬆開肩膀、大椎、枕骨大孔，力從下巴向枕骨大孔方向往上頂，然後兩肋向下鬆，將兩個肩膀掉下去，好像肩膀掛有兩個鉛塊，向下垂著。

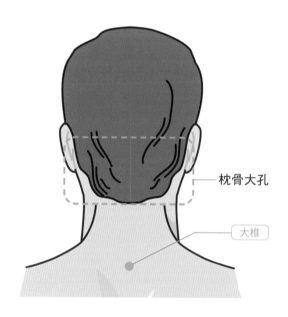

枕骨大孔

大椎

⚫ **大椎穴**：正申線上，當頸部往下彎曲時，頸後突出的椎骨下凹處；**枕骨大孔**：平臥位時，頭部與枕頭相接觸的部位。

太極拳主要的基本動作

　　太極拳基本拳架為十三式，包含「**掤²、捋、擠、按、採、列、肘、靠、進、退、顧、盼、定**」，前面八式為手的姿勢，後面五式為下盤的姿勢。太極拳不動手，所以先練下盤，練好下盤才能夠鬆沉，利用地心引力的反作用力，穩定的運動不跌倒，還能抵抗地心引力。

　　從拳架整理出對養生最有用的幾個動作，例如：「進」、「退」、「按」，有利於走路；「單鞭」是開展功，最有利於養生。「按」及「單鞭」這兩個動作，在拳架上可以連貫起來做。

拙勁之分

〈拳經〉、〈拳論〉一再強調太極拳不動手，動手的不是太極拳。所謂動手，就是用了拙力，用了肌肉力。肌肉力最容易使用，不用學都會用，勁則需要專注的學。以太極拳的第一招起勢為例，做下列手臂運動，覺察拙力與勁的差異：

1 **舉手**：身體用力挺直，用力把手舉起來、放下。重複多做幾次，注意手臂哪裡痠疼。

2 **盪手**：身體放鬆，腿上下蹲，把放鬆的手臂振盪起來。

3 **浮手**：全身放鬆，膝蓋放鬆，提腰落胯，膝蓋微微下蹲，位能沉到湧泉，地面產生反作用力，結合了流固耦合的勁上傳膏肓。胸部放鬆，背部膏肓向後，勁送到手臂，手臂肌肉不用力，讓手臂向前浮起來。

注意事項

◆ 比較這三個動作的感覺，哪個地方的肌肉用力了？哪一個動手比較輕鬆？比較腳板跟地面接觸的感覺，體會力量來自於哪裡？**來自於肌肉，叫做拙力；液壓產生的叫做勁。**覺察腳底不用力之下，有沒有上下波浪狀起伏的變化。

鬆身拉筋

操作過程為由腳到腰帶、肩帶、頭頸，逐一鬆身拉筋。先練鬆的感覺，得出蓄勁，再利用勁來拉筋。

坐著鬆

如同前文中所說，坐著鬆也可以分成：**鬆沉、有勁、氣行周天、坐忘**這四個階段來練習，從心練到身、到心，從有為法到無為法。

1 坐在木板凳上，手放在大腿上，身體挺腰，頭容正。利用陰陽相濟原理，先全身用力，感覺屁股、手掌、腳板。接著放鬆，重量沉到屁股上，掉到手掌與大腿之間，以及腳板與地面接觸之間。

2 坐著時，兩腳平行接地，腳的湧泉著底。為了使腳平貼地板，從內縱弓（腳跟到腳趾頭的隱白穴）使點力，意守丹田。

3 提腰、豎玉枕；嘴角、眉角、眉心笑開來。舌抵上牙齦，接著做腹式呼吸，把氣走腹部向下沉。吐氣時，氣走腹部讓會陰向下降；吸氣時，讓會陰部位上升，氣走背部督脈。膻中稍微張開並避免尾閭受到壓迫。

4

坐著練習大約3分鐘，直到坐忘、放空的階段。

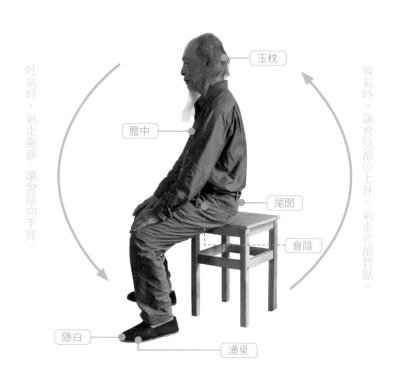

吐氣時，氣走腹部，讓會陰向下降。

吸氣時，讓會陰部位上升，氣走背部督脈。

玉枕

膻中

尾閭

會陰

隱白

湧泉

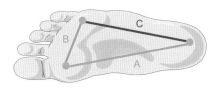

A. 第一足弓：從大拇指根部到腳跟，就是「腳掌心」的部位，或稱「內側縱弓」。

B. 第二足弓：從大拇指根部到小趾根部，也稱為「橫弓」。

C. 第三足弓：從小指根部到腳跟部，也稱為「外側縱弓」。

站著鬆

摸著凳子、摸著桌子、摸著牆，同時體會鬆身，手臂輕如羽毛的感覺——這是鄭曼青大師教的方法。因為摸著東西，不會跌倒，可以很放心的放鬆站著。想像身體從天上掉下來（自由落體），覺察腳底湧泉壓著的感覺。當發現大腿肌肉用力了，就命令肌肉放鬆。如果一時做不到，為了避免養成大腿肌肉用力的錯誤行為，就可以休息。

❶ 站著鬆－練中定

1 以鬆的方式，自由落體使重量掉到湧泉。腳的內側縱弓向內稍用力。

2 胯鬆、折，呈落胯姿勢；尾閭擺中正；撐腰、含胸、拔背、豎頸；站到腳板軟軟的，軟如綿。

3 腰帶放鬆，要有坐著的感覺；液壓送到頭頂，感覺到頂勁。

正面　　　　　　　　　側面

撐腰、含胸、拔背、豎頸

湧泉

注意
事項

◆ 腳的內側縱弓向用力,讓腳底踏實,放鬆平貼地面。湧泉、腳跟、
其他部位的重量分配為 3：6：1。

◆ 頂勁感覺的檢查:雙手從頭頂向下加壓,腳底感到有壓力;當腳底
向下施力發勁,勁向上頭頂,感到有力向手掌衝。

1 兩腳平行與胯同寬，或稍微寬一點，或拉大到一個半胯寬；膝蓋對正腳尖，腳尖內扣，膝蓋外張；屁股向下、坐下；胯、膝蓋、臀部相對位置呈圓襠；肚子、胸部放下，臉部放鬆，笑起來；想著頭頂，嘴巴微閉，上下牙床微開、不咬緊，舌頭頂著上牙齦（讓任督二脈相接）；提腰，鬆命門；含胸拔背，鬆鎖骨（背部與胸部的放鬆態合稱「含胸拔背」）；脖子挺起，縮下巴，頭容正；手臂向兩側外張，腋窩有一個拳頭的空間。

膝蓋外張

圓襠

腳尖內扣

2 微微坐下開始蹲馬步，身體重量落到湧泉，反作用力（壓力）從湧泉、腳的內側送到尾閭，經過命門（腰），來到膏肓，上至肩頸，縮下巴，脖子挺立，壓力就會到達頭頂。到了頭頂，把臉部放鬆，接著吞口水。就這樣很輕鬆的站一段時間，才能感覺反作用力上來，也才會蓄勁。其中，下巴縮起，頸部挺直，吞口水，臉部放鬆，左家心法稱為「豎玉枕，放崑崙」。

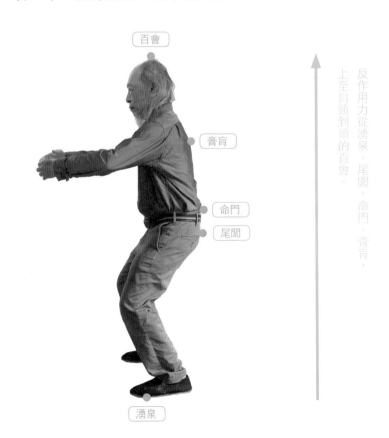

百會

膏肓

命門

尾閭

湧泉

反作用力從湧泉、尾閭、命門、膏肓，上至肩頸到頭的百會。

注意
事項

◆ 怎麼知道蹲馬步的姿勢做對了呢？做到位
的時候，會有下列體驗：足跗軟如綿，尾
閭中正神灌頂。又因為腰與胯是鬆的，腰
擰著，胸含著，湧泉來的勁由背面的督脈
走到頭頂，轉向臉部、鼻子下的人中，下
到任脈下巴的凹點（承漿穴）。

承漿

◆ 當這個勁在督脈、任脈交會的時候，嘴唇的周圍會感到癢癢的。如果
感到腳哪裡痛，哪裡痠，告訴自己，痠痛的地方要鬆掉。以湧泉將勁
送到痠痛的地方，進行氧氣與營養物補充以及廢物排除。

❸ 淺蹲－盪會陰

這是從太極拳的雲手簡化出來的一個動作。

1 兩腳平行與胯同寬，腳跟朝外，屁股微下坐。這動作重點是把股溝（尾閭）、胯的韌帶向下、向外拉鬆開來。從命門往屁股周遭輕輕的拍，心裡想著要放鬆這一些肌肉、韌帶，同時要感覺腳底湧泉是否吃到重量。

2 【進階訓練】兩腳站開約兩倍胯寬，在膝蓋不超過腳尖的情況下，坐骨盡量往下坐。吐氣的時候，覺知會陰的放鬆；吸氣時，會陰向上提。

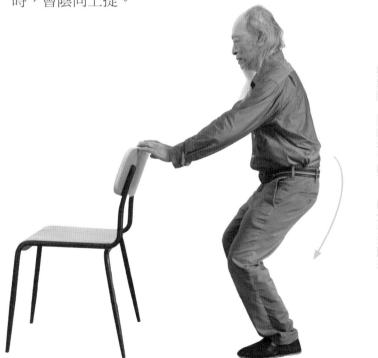

把尾閭、胯的韌帶向下、向外拉鬆開來。

89

鬆腳板（蘿蔔蹲）

1 這個動作的目的是要訓練「足蹈軟如綿」。身體挺直，放鬆，擰腰落胯，使位能掉到湧泉（蓄勁）。之後，湧泉下壓（發勁），在湧泉的地方彎折，很輕鬆的把雙腳腳跟提起來。

鬆胯

鬆腳跟的阿基里斯腱

撐腰落胯，使位能掉到湧泉。

2 膝蓋是鬆的，胯是鬆的，身體
高度不變，再放下腳跟。這樣
做會訓練到腳掌、腳踝及胯周
邊的韌帶，使之靈活。

注意：身體高度不變。

注意
事項

◆ 初階練習用挺腰，用肌肉力把腰提起來。進階練習用撐腰落胯，讓
第二腰椎的命門空間增大。

鬆腰帶（跳草裙舞）

　　這個動作主要是放鬆髖關節及命門。打太極拳要做到坐著打拳的感覺（尾閭維持一定的高度），除了前文所示範讓胯放鬆的蘿蔔蹲，還要整個坐骨做前後晃動的動作，像是夏威夷人跳草裙舞。

1 一隻手放肚子，另外一隻手放後面命門的地方，膝蓋對正腳尖，屁股向下坐一點，呈落胯姿勢（蹲馬步的姿勢）。

命門

命門位於背部第二腰椎兩側。
（內面左右兩側即是腎臟）

2 膝蓋、肩膀不要晃動，兩手向前、向後將坐骨推動，
也就是將坐骨周邊韌帶向前、向後拉推開來。

兩手向前、向後將坐骨推動，拉開周邊韌帶。

注意
事項

◆ 熟練之後，手放開，鬆身湧泉發勁，將坐骨向前、向後擺動。利用手
把坐骨推開來的時候，坐骨周邊肌肉是放鬆的，只有韌帶受到拉動。
做韌帶的訓練，就是折它、延展它、鬆掉它。坐骨周邊的韌帶都鬆
了，腰部、臀部就可以自然的下垂下來，也就能「尾閭中正」了。

◆ 練完後，二腳平行，腳跟靠牆角，屁股、背部貼牆，命門平貼牆。可
用手放在命門後，檢查命門與牆之間有沒有空隙，沒有空隙即表示命
門平直。

鬆肩帶

肩帶包含命門以上的部位，腹部的胸腔、鎖骨，背後的肩胛、膏肓、大椎，還有手臂、手肘、手掌等。

❶ 鬆手腕與手肘

書法家懸腕寫毛筆字時，手腕、手肘都不用力，而是用手臂及肩膀的力。太極養生要鬆到所有關節，包括手掌、手腕、手肘、手臂、肩膀、背後膏肓、前面丹田，然後用腳底湧泉產生的力量，也就是肌肉力加上流體勁，來上舉手臂。

1 逐次一段一段的用力、放鬆，體驗肌肉用力以及放鬆的感覺，接著做整合。

逐次一段一段的用力、放鬆。

2 手掌及手腕不用力，手肘用力；再鬆手掌、手腕跟手肘，但手臂、肩膀用力；最後全部每段都鬆掉，只剩下湧泉的力量所產生的流體勁。

用手摸著背後的肩胛、膏肓、肩頸處，放鬆肌肉。

壁虎功

1 用牆面來輔助，拉動全身肌腱與韌帶。兩腳平行與胯同寬，腳尖距離牆角一個腳長，雙手向上拉長，手掌貼牆面，身體作為直角三角形的斜邊，全身從斜邊彎成弧形，像壁虎一樣貼著在牆面，掌跟不可以離牆。

2 逐一放鬆，放鬆腳背、腳跟、膝蓋、胯、環跳（胯的後面）、命門，讓坐骨向下掉，並放鬆兩脇與肩膀。這樣放鬆身體蓄勁片刻，再用雙手掌、肚臍、雙腳底湧泉五個點，向牆或地面施力（發勁），反作用力可輕鬆的把身體向上、向後推離牆壁。

（蜥蜴功）

1 再者，兩手拉開，放在胸部的高度。

2 　用湧泉上來的勁、而不是手臂的二頭肌，推動背部脊椎、膏肓
　　及身體離開牆面，好比蜥蜴在地面上做伏地挺身的動作。

注意
事項

◆ 做完壁虎功之後，可以連續做五個蜥蜴功，在全身放鬆經絡拉開之
　下，讓湧泉上來的勁經過尾閭、命門、膏肓，到頭頂百會，完成大
　周天的運作。

　　身體因為韌帶的延展，可以看成好幾把弓，這些弓在放弓時會釋放能量。腳掌結構上就有足弓的特色，大腿、小腿、腳掌是一把弓；手臂從肩膀到指尖也是一把；兩手跟背部、肩胛骨、膏肓結合成一把大弓；全身從腳、脊椎到頭更是一把弓。練太極拳的過程中，這一些弓的變換，帶來了健康，也有了武術的基礎能耐。如我所期望的，練了西方的肌肉運動，也練習了中國傳統的太極勁，接著要學習的是如何整合這兩種力量。

1　想像兩手之間有一把很大的弓，用肌肉力把它拉開來；再想像不用肌肉力，用韌帶把雙手臂弓撐開。最後，用腳湧泉上來的勁，到肩胛骨來撐開手臂，做拉弓。

2 【進階版】用彈力帶或圍巾做三個不同層級的運動：

① 雙手肌肉拉開彈力帶。

② 用身體手弓的筋骨、韌帶，拉開彈力帶。

③ 從腳、膏肓到手，用全身的勁，拉開彈力帶。

頭容正

想湧泉、枕骨大孔向上頂,脖子向上用力,頭頸向上拉;肩膀鬆向下掉,屁股掉下去,命門、膏肓向下掉。

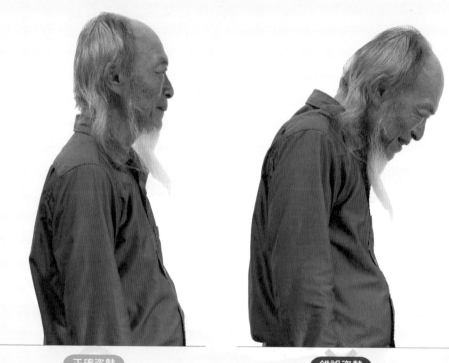

正確姿勢　　　　　　錯誤姿勢

◆ 練脖子的方法之一,是頸椎的地方抓一抓,自己抓著脖子後面向上提,要有向上頂力的感覺。以軍中帶鋼盔、騎機車戴安全帽為例子,頭部、頸部周圍的韌帶都要鬆,下巴向後、向上,讓頭頂的百會向上頂。

背面

養生小筆記

怎麼鍛鍊頸後這一塊肌肉呢？

兩手放在額頭上，力從額頭向後推，脖子向上、向前頂，這樣頸部背部就有力、有勁了。

左右側頸部怎麼練？

手壓推脖子左邊，不要讓脖子向右傾，所以右邊耳下肌肉的韌帶是緊的，但肌肉是鬆的，這樣就練到頸側韌帶了。右邊也以同樣的方法練習，練時則整個脖子有勁。

在太極拳練習上加上兩個動作，鬆身後、湧泉反作用力上來，到額頭推向後，脖子再用力頂，這樣就練到「頭容正」及「後頸有力」。

調姿順氣

有了前面鬆身、拉筋的成果，就可以調整姿勢，以順氣與否檢驗姿勢是否正確。

撐腰落胯

身體挺拔非常的重要，一來抵抗地心引力，二來延展身體結構，使體內器官位置順當，不致扭曲。

1 全身先用力挺起來，在身高不變、命門壓力不變的情況下，放鬆胸部，亦即所謂含胸。

2 接著，鬆膝蓋、胯，也就是放鬆腰帶及坐骨周邊韌帶，讓坐骨微微的向前、向下墜，位能落到湧泉。

擰腰、提大包，讓上半身向上提。

坐骨下墜

側背部

◆ 另一種挺腰的體驗，由其它學員自背後用手背在腰椎的地方，輕輕向前推。為了抵抗前傾，肚臍（丹田）必須向後使力，腰的背部就會向後繃，不致凹折；再加上坐骨向前、向下放，腰也就能挺拔起來。

◆ 練到有勁時，應由湧泉送勁到命門。同時，意守丹田來的勁也向命門送。提腰之外，腳還要有根，才能夠蓄勁和發勁。為了求身體有根，也就是下盤的穩定，坐骨下墜（坐骨周邊韌帶鬆了，自然就能下沉），同時擰腰、提大包，讓上半身向上提。又因坐骨下沉，頂勁上提，腰帶跟肩帶就能分別向下及向上兩端拉開，使身體重心自腰以下，沉降至湧泉。做到這個程度時，就能感覺腰胯之間分離了。

起勢

　　起勢最重要的動作是做呼吸的調和，但不容易練。太極拳開宗明義就說「動手非太極」，練習太極拳之初就練習起勢，沒有勁，只能用肌肉力，就犯了太極拳不動手的大忌。等到有勁的能力了，再練起勢，能獲得呼吸順暢的好處。之後，學會蓄勁與發勁，時時練起勢，以呼出廢氣，吸入氧氣來增加養生之利。

1 鬆身落胯，重量掉到湧泉，勁（反作用力）上來，膏肓向後。

❶

2 手向前浮起來，吸氣，浮的力量要感覺湧泉、膏肓、勞宮三點連在一起，像橡皮筋綁住一樣。

❷

3 撐腰落胯，折肘折腕，
鬆坐骨，入湧泉。

4 揚腕吐氣，意想氣
由背部經過頭部，
向前吐出（氣走大
周天）。

5 鬆肩膀，鬆命門，
手向後擺。

6 豎掌，手放下去，
如沉入水中。

◆ 整個起勢落胯過程可有三次，會陰
會跳動，走大周天。

顧、盼

先學會中定，雙腳虛實分明、有根，才能夠練好左右移動，再練左右轉的顧、盼。

轉身—有根（單扇門及自由端）

轉動身體需要一腳為實腳，扮成堅韌的根，而另一腳為虛腳。實腳連結同一側的坐骨、腰、背、肩，要形成像一扇門；而虛腳這側的坐骨及腰呈放鬆狀態。當實腳的胯轉動時，這扇門跟著轉動，是一種連動狀態。訓練有根並帶動這扇門轉動，可由固定點不動、自由端可動來進行練習。

1 先以右腳為實腳做例子，右腳湧泉像螺絲刀尖端向下、向外（向右）旋轉，而左腳懸空，旋轉的力讓身體從前面轉向右後方。力大的話，也能轉360度。接著，左腳著地，右腳湧泉向外（向右）旋轉。這時候，第一個能夠自由轉動位置的是右腳腳跟；當右腳腳跟踏實地面，右腳湧泉旋轉，能夠自由變動位置的是右腳關節。

2 當右腳關節對正腳尖，大腿的胯與環跳都不動的時候，身體左邊屁股就可以轉向右邊，雙手順勢向右甩盪出去，這也就是太極拳的「右盼」的做法。「左顧」的作法一樣，只不過換成左腳湧泉向外（向左）旋轉，雙手向左甩盪出去。

右腳湧泉像螺絲刀尖端向下、向外旋轉。

實腳連結同一側的坐骨、腰、背、肩要形成像一扇門。

虛腳側放鬆

注意事項

◆ 先用肌肉力，固定實腳的正確位置，練好拉筋之後，再逐漸放鬆肌肉力，練好實腳的核心肌群。

熊經（帶脈）

　　此式做虛腳、實腳變換，同時做坐骨左右平移的變換，以及
「左顧右盼」的轉身運動。操作重點在於身體放鬆，讓實腳湧泉下
沉得勁後，虛腳湧泉向外撥，使坐骨平行的移動到實腳側，實腳側
做為支撐，像門板一樣不晃動，再向實腳側轉身。身體向左、向右
的轉身甩手及熊經，也就是拳架的「左顧右盼」之勢。

1　雙腳平行與肩
　　同寬，屁股往
　　下沉，雙手舉
　　起，抱一個呼
　　拉圈的動作。

2　把身體正中央軸當作1/2，當坐骨
　　向左平移，膝蓋對正腳尖，重心
　　位在大腿內側。這時候，左胯的
　　位置當作1/4。

3 把身體平移到左邊1/4，鬆沉落湧泉，左腳（實腳）、左膝不動，坐骨向左轉，同時右腳（虛腳）膝蓋向下，雙肩鬆開，因坐骨的轉動而自然甩動。

4 再平移到右邊1/4，向右轉身甩手。當雙手肩膀的韌帶維持一定的張力，雙手在胸腹之間合抱、但不合攏，做轉身向右的動作，雙肩並不晃動。

5 接著，把身體平移到右邊1/4，鬆沉落湧泉，右腳為實腳，右腳、右膝不動，坐骨向右轉。

注意
事項

◆ 熊經還可分初階及進階版兩種。初階時，雙手晃動，藉著帶脈的運動，做肩帶的拉筋。進階時，手臂不動，強調筋柔氣順，維持最小的張力。

進、退一按，引進落空合即出

太極拳有許多經典的口訣，例如「動手非太極」、「以心行氣，以氣運身」、「拙力消失，勁就長出來」。為了讓學員體驗太極勁，教練要手把手餵招讓學員有所體驗、領會，早早學會用按式，學習發勁。

讓學員用手臂的力量抵抗教練的力，要求學員身體姿勢不變動之下，用腳湧泉發勁，再指導學員一面放鬆手的肌肉，一面感觸腳的發勁。結果會發現，手臂放鬆，腳下的勁湧出，很輕鬆的就抵抗了教練的力道。

練太極拳蓄勁、發勁、整勁的學習，在於當腳底湧泉有勁的體驗之後，可以模仿山羊，身心放鬆之下，以湧泉做上下跳躍，如敲山震虎，全身的氣血就馬上暢通。這個動作值得嘗試練習，叩齒也有同樣的效益。

空按

1 兩腳平行與肩同寬，右腳腳尖向右30度，左腳腳跟向前一步，放在腳尖前面，重量先放在前腳。

引進

2 鬆左胯，想後腳的湧泉，湧泉略吃到力後，屁股坐下。命門鬆開，尾閭向後退，整個軀幹向後平行退。鬆身，屁股坐下。

3 全身放鬆，勁沉到湧泉；整勁，把勁送出去。

1　前腳腳尖離牆半個步長，雙手貼在牆上，做空按動作時，重量
　　先放在前腳。

❶

2 接著，後腳吃點力，從尾閭向後拉，屁股坐下。接著鬆身，頭部、胸部、肚子放鬆、全身整個放鬆，讓後腳的湧泉吃到力。久了，足跗軟如綿就會練出來。

② 湧泉

注意事項

◆ 按牆的過程中，手一直貼在牆上，有貼著的感覺就可以。在空按、按牆的過程中，都沒有做發勁的動作，只是把勁發到頭頂和手部的勞宮。全身鬆透，勁會讓含胸拔背，以及命門向後繃的能力增強。兩隻腳都要練，這時勁用在自己體內，得到養生調姿的功效。

勞宮

☯ **勞宮穴**：握拳屈指時，位於中指指尖處。

將按牆的動作轉化成兩人相互推手。

教練（餵招的人）

被餵招的人

1 餵招的人，就是所謂的教練，雙手放在胸前，重量吃在後腳，身體都不要動。被餵招的人，做「按」，雙手輕如羽毛般的放在對方的兩個肘的地方，把餵招者當作牆，做按牆的動作，也就是重量從前腳移到後腳，尾閭向後退，屁股坐下去。這時候，餵招的人身體不移動，後腳發勁，把勁送到被餵招人的後腳湧泉；而被餵招的就要更加的鬆身，湧泉吃到更多的力。

(1) 引進

(2) 落空

(3) 合即出

2 被餵招的過程有三個步驟：**引進、落空、合即出。**

① 接到餵招人給的勁，藉著這個勁鬆身、鬆命門，背部膏肓
向後延展，如同將對方引進，位能下降。

② 繼續鬆身，坐骨下放（自己有落空的感覺），勁沉到湧
泉，對方也有落空的感覺。

③ 被餵招的人，整合所有的勁發給對方。發勁時，胯稍微再
鬆一下，湧泉再吃點力，破壞對方之平衡，同時想對方的
背部後面，把勁送出去，再用槓桿作用的肢體動作，把對
方發出去。

鬆的走路

　　練太極拳對人類健康最有貢獻的是避免跌倒。走路的時候，也能避免跌倒。是什麼機制造成這種功效呢？原因包括：

① 身體姿勢中定，重心下沉。

② 大腿跟坐骨之間的關節韌帶放鬆，這個關節區域包含前面的胯以及後面的環跳，而腰椎命門的地方保持點張力，坐骨不左右晃動，不浪費能量，並以來自腳板湧泉的勁，使大腿順當有效的擺盪。

③ 太極拳以向下垂直的力破壞平衡來做位移運動，而不是向左或向右傾斜。

④ 身體中定，膝蓋是鬆的，就能靈活移動。

定點盪腿走路

　　一隻手摸著椅背，身體鬆沉，重量掉在一腳，前腳湧泉往後撥動，坐骨就被往前推動了，帶動另一隻腳擺盪前進。前進以後，腳的湧泉先著地。

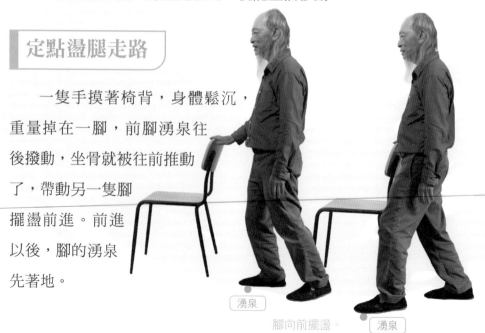

湧泉

腳向前擺盪。　　湧泉

移動走路的練習

1 兩腳平行與胯同寬，身體坐骨移到左邊，左腳為實腳，放鬆左胯，左腳湧泉鬆沉有勁、成有根的發勁狀態。接著，湧泉向後撥動，使坐骨、尾閭向前，帶動右腳大腿、小腿及腳，往前順勢邁出，上半身仍然維持尾閭中定，使身體不致左右晃動，也就不會浪費能量。

2 右腳湧泉觸地，鬆右胯，左腳湧泉鬆沉有勁，向後撥動，摩擦地面產生的反作用力送到尾閭，推動坐骨以及左腳向前移動。這樣兩腳交替前行，雙手自然前後盪開。

③ 手肘順著盪出去

② 使坐骨、尾閭向前

① 湧泉向後撥動

注意事項

◆ 走路只注意三個點：前腳**湧泉**向下、向後撥，發勁，腳跟放鬆，足跗向前彎；力量送到**尾閭**；**手肘**順著盪出去。

◆ 前進以後，腳的湧泉先著地。另外也可以做跑步的起步動作，感覺前腳湧泉先著地，而不是腳跟先著地。

◆ 走路的動作實則從太極拳「按」的動作分解轉化而來。因此，學會「按」的動作，有利於走路。

簡易太極養生拳

　　前面提到過，太極拳基本拳架為十三式。養生上，先練下盤，再練短拳架，可利用短短幾分鐘或有限的時間，做下列幾個式：起勢、左掤、右掤、捋、擠、左按重複三次、左單鞭、右按重複三次、右單鞭。想深入練習拳架，可參考我之前出版的《太極拳動禪心法》的第四章〈鄭子太極37式〉。

左掤——向前進一步

左掤為左腳向前一步，共有六個步驟。

1

兩腳平行與胯同寬，鬆胯，屁股坐下去，兩手垂放在前面。右腳湧泉向下、向右，坐骨移到左腳1/4。

2

右腳腳尖翹起來，左腳湧泉向下、向左，左腳膝蓋向左（左膝蓋不晃動），身體向右轉90度，右腳腳尖隨之轉90度。雙手抱太極（左手在下，掌心朝上；右手在上，掌心朝下）。

腳尖翹起

3 身體前進到右腳，
右腳腳尖踩實。

4 左腳腳跟提起，腳跟放
到左腳腳尖正前方（也
就是左腳向前一個步
幅），腳尖翹起。

5 左腳腳尖內勾，膝蓋外張；右腳湧泉向下、向右，產生的反作用力讓身體45度斜移前進到左腳1/4，左腳腳掌踏實（左手挪上來，肘在胸前，掌心朝內）。

6 右腳腳尖翹起來，左腳湧泉向下、向左，左胯為圓心，坐骨向左轉正（胯連線與前腳成垂直），右腳腳尖隨之轉30度，右手鬆放下來（手肘略提），身體重心還是在前腳。

膝蓋外張

腳尖內勾

攬雀尾

攬雀尾為「掤」、「捋」、「擠」、「按」四個式的總稱。像一種古代舞蹈,以手臂比喻成雀尾,互相攬之。

攬雀尾——右掤

1 接左掤定勢。右腳腳跟向內旋,左手跟著向內旋(右手向左翻,手心向上,左手在上與右手抱太極)。

2 右腳腳跟踏到原有腳跟位置,但腳尖向右90度,腳尖翹起(為了提供轉向之動能,以及轉後兩腳平行與胯同寬)。

3 左腳湧泉向下、向左，坐骨向右平移45度到右腳1/4，腳掌踏實（右手隨之提起來，45度掤出來，手心向內，左手立掌於胸前）。

4 左腳腳尖提起來，右腳湧泉向下、向右，坐骨得以向右轉45度，轉正（兩胯平行），左腳腳尖右轉至30度，雙手隨力向前推，左右手相對，右手順勢伸長為捋手（右腳湧泉與左肘之一貫之勁要維持）。

攬雀尾——挒

武功上，「挒」最有用，因為力矩最大。在養生上，是腳和另一側的手之間連貫性的運動。

※ 轉門版，接上式

1 右腳湧泉向下、向前，左腳湧泉先著地，勁上左軸之後，坐骨退到左腳1/4（鬆雲門、肩關節，兩掌心維持原有位置）。

2 左腳湧泉向下、向左，勁改在右掌心，
身體向左轉（右手肘立起來，掌心向
左，左手放鬆於腰間，掌心向上）。

3 接著，兩手隨勢向左後
盪去（轉動時，頭隨身
轉，眼隨頭轉，眼平
視，手轉腰轉，腰停、
手也停住）。

攬雀尾──擠

※ 前腳的扭力轉到左後手，接上式。

1 左腳湧泉向下、向左，
坐骨前進到右腳 1 / 4
（雙手隨腰盪回）。

2 右腳湧泉向下、向右，有一扭
力向右旋（兩手提至平胸，雙
手貼在一起，右手掌向內，左
手掌貼在右手掌）。

3 右腳湧泉再次向下、向右扭，
但坐骨不動，力量透過夾脊，
從左手到右手掌。

❶

❷～❸

攬雀尾——按

※ 接上式

1 右腳湧泉向下、向前，身體移到左腳1/4，兩手張開放鬆於肋骨間，手心向前。

2 左腳湧泉向下、向右，反作用力上來。

3 坐骨前進到右腳1/4（手不動，兩手隨腰向前平按）。

單鞭定勢

單鞭的定勢，養生最有用。除了可開展膏肓之外，也鬆開鎖骨。從按定式姿勢到單鞭有八個步驟：

1　鬆沉到右腳湧泉向前發勁，坐骨（重心）向後移到左腳，鬆開雲門，雙手放平往後坐。

2　以左胯為圓心，身體向左轉，右腳腳尖順勢向左轉90度。

3 左腳湧泉著力，身體重心移到右腳，手抱太極。

4 右腳鬆沉，以右胯為圓心，坐骨向右旋轉。

5 向左迴旋，右手之拇指、食指、中指抓在一起，右手臂往45度方向懸吊出去。

6 左腳向左轉135度，腳跟在45度線上著底，腳尖翹起。右腳壓力送到右手的手腕，放鬆右脇，重心移到左腳，左腳腳尖向下踩，同時手掤出。

◆ 做單鞭的時候要考量哪裡產生力，哪裡放鬆，哪裡是轉動的圓心。不管是地心引力的反作用力產生的勁，肌肉與筋產生的力，位移動作的動能，都要加以整合，才能有效的動盪到要養護的器官，也就是讓該器官得到比較多的氧氣，帶走比較多的廢物。

◆ 單鞭可以簡化到只練後半段（步驟6～8），直接做一側的鬆沉、動盪。但連續動作的運動可以有動能力量的加入，養生效果較好，尤其跟「進」、「退」、「按」的位移動作一起做，更有利於養生。

7

坐骨45度平移到左腳；放鬆右手側的膏肓，吊手要盡量停留在原來的地方。

8

以左胯為圓心，坐骨轉，45度轉正。

按及單鞭的連續動作

　　運動過程中，以後腳屬於左腳或右腳來界定拳勢的名稱。按、單鞭這兩個動作在拳架上可以連貫起來做。也就是左按之後，接著做出左單鞭，接著成了右按的預備姿勢，做右按。之後，又可以再接著做右單鞭。這樣左按、左單鞭、右按、右單鞭接續著做，有很好的養生效果。以下的十個動作，動作1～3是按，動作4～10是單鞭。

退（捋）、進（白鶴亮翅）

「退」的動作強化左右側的手腳協調，「白鶴亮翅」訓練坐骨的迴轉與膏肓及肩頸周邊韌帶的轉動。

❶ 退（捋）

1 左腳湧泉向下、向左發勁，左腳腳尖隨之右轉30度。

2 坐骨左轉，右手晃到左後方，手臂平轉，後退是「捋」。

注意
事項

◆ 在操作上，實腳鬆胯，坐骨向下墜落，身體位能落湧泉，接著坐骨向外轉，再鬆胯，坐骨迴轉，同時提腰，伸展腰脅部位，從膏肓將手臂向上盪出，而手腕盪到太陽穴的高度。

❷ 進（白鶴亮翅）

1 右腳湧泉向下、向右發勁，身體向右轉。

2 左手盪起來到右太陽穴附近，手臂向上，左手放鬆下來，前進是「白鶴亮翅」。

第四章

生活應用

提升生命力

　　讀到這裡，相信你已理解禪勁太極養生的科學原理，學習到了本書的基本動作，好的東西也要和大家分享，這時就要走入社區，讓生活環境更加安全，把體力、腦力、社會力都培養起來，做一個現代的快樂老人。

　　日常生活中，隨時可以練禪勁太極養生，每天的坐、站、走路都要放鬆，也要頂天立地，才不會跌倒。心靜自然涼，心定就不煩，腦力運作也就增強，自然就培養出智慧，養出浩然之氣，免疫力也就提升了。與人相處可以做到理直氣和、笑臉迎人，在身健心力強的狀況之下，就有能力勇於面對困境，走入社會貢獻所學。

　　接著，就有能力走出戶外，先到休閒農場的半自然環境，享受人與自然動植物的和諧相處，享受自然之美，進而生出憐憫之心，關懷其他眾生。禪勁太極養生就是預防醫學，避免將來老了臥床、失智、失能、坐輪椅，避免長照的困境，縮短長照所造成的個人、家庭、社會的負擔。

　　總言而之，**從自己做起，提升禪的覺知能力，再往外擴充到周**

遭環境，多關心周遭環境的健康，還有人以外眾生的生命狀況，養出慈悲為懷的養生作為，這也就能提升自己的生命力。

居家生活鍛鍊

學會了禪勁太極養生的基本動作，就要每天練習做，並且享受它。先做熱身的站樁、熊經，其次左右腳的空按，再做進、退、顧、盼結合在一起的捋和白鶴亮翅。接著，再做簡易太極養生拳，做的量要做到有點痠疼，有點微微出汗，長期下來就「不知老之將至」。常常練習禪勁太極養生，心定下來，神就穩了，睡好精神爽，自我免疫能力提升，百病不生！

呼吸練習，大小周天

學會禪勁太極養生之後，可以利用呼吸、意守丹田，來振盪身體不同部位。首先大幅度的振動胸腹部，喉嚨以下到腹部鼠蹊，形成一個很大的振動空間。吸氣的時候，肚臍下壓；吐氣的時候，腹部盡量向外凸出來，增加呼吸量，按摩到腸胃。其次，呼氣的時候，肚臍不要振盪，同時鬆開命門，讓腎臟腎門脈得到充分的按摩，還可以只放鬆膏肓，做好含胸拔背，再來放鬆枕骨大孔（玉枕），讓勁（氣）上達百會，貫通督脈，完成大小周天循環。

早上起床身體容易僵硬，出現了晨僵現象，可以先做點熱身的禪勁太極養生運動，讓氣血流動。日常生活中也可以訓練太極勁，例如在搭乘大眾運輸工具，雙手拉著雙環，雙腳踏在車廂底，先雙手用力，再放鬆全身的肌肉，放鬆腰部、膝蓋、屁股，使位能下降。此時，全身有拉筋的感覺，腳掌有深深的落入車廂底的感覺，也就是蓄了勁，然後心想要發勁，勁就送到全身，也就是有整體的勁。

透過這個過程體驗到，當笨拙的肌肉力放下之後，勁就產生了。利用搭火車、公車的閒暇時刻，同時練禪勁太極養生，一舉多得，很愜意！

走入農場，道法自然

養生的道法自然境界，可藉由禪勁太極養生的學習，以及休閒農場的半自然環境，進行以生命為本的環境學習及愛護生命的行動，最終進入荒野自然之地。

道法自然，回歸大自然，其實正是禪勁太極養生的要領，藉由覺察外在動植物生命力，了解人類本身、其他生命與環境的關係。感受自然萬物的興榮，進而回到內在，覺察自己身體的狀況。

　　養生的意義就是照顧生命，包括自己、家人、親戚、朋友等生命體。此外，還有所有物種的生命體。所有的生命都在環境支撐下存在，因此也要照顧好環境。總而言之，**養生就包括了將環境教育和食農教育統整在一起，以生命為本的環境學習。**

　　所以說，一個農場有很多自在的野生生物（生物多樣性高），也就是一個具有基本養生功能的農場。農場就是一個生態系統，人們在農場的活動就是生態系統給人類的服務，也就是我們要用來養生的。

　　養生的原理說來簡單，就是要放下，慢活，好好吃飯，好好走路，專心在眼前的「當下」時刻。但對習慣忙忙碌碌、同時開啟多重視窗的現代人來說，卻很不容易。

　　古人說：「過動則亂。」因此，若到了半自然的農場環境時，切忌打卡式的趕行程，而是放慢腳步，用心觀察，仔細聆聽，在嗅聞觸摸的過程中，體驗大自然真實而豐富的面貌，覺察自己心中的空間，找回萬物連結的生命本質，這樣的旅遊體驗才是真正的休閒。

　　在大自然中練拳的同時，一邊體會養生的意義、生命的價值，領略出養生原理如「減少不必要的消耗」、「共振省能」、「走路中獲得自然之能」等，每天有意識、放鬆的用勁走路，就能走出健康文明。

　　在後疫情新生活時代，人們更加重視與自然的交流，重視健康

導向、朝向永續環保趨勢前進。下頁中的農場養生項目表，結合了森林療育、農業療育等元素，就是希望人們能覺察人類和宇宙萬物其實是一體的，能量是相互交流的。禪勁太極養生期望讀者走出戶外，走進臺灣美好田園，動得健康、吃得快樂、靜得長壽。

農場養生項目表

　　休閒農場就是一個生態系統，具有結構、過程、服務、福祉的特色，都可以產生身、心、靈的養生效果。列表如下：

農場	身 （生理）	心 （心理）	靈 （哲理）
結構	種植生產 生態導覽 **【作法】**走入農場，觀察園區豐富的生物多樣性。	放鬆舒壓 身心健康 **【作法】**放下，慢活，輕鬆愉快；感受人與土地的連結，順應自然，規律養生。	萬物連結 和諧共振 **【作法】**體悟人與宇宙萬物是一體的，能量相互交流；「心」改變了，「生態」才會改變。
過程	種植生產 生態導覽 **【作法】**走入農場，觀察園區豐富的生物多樣性。	體會成長的喜悅 觀察萬物 **【作法】**了解農場主人如何生產農作物，認識桌上的食物從哪裡來。	感恩惜福 良善循環 **【作法】**當人們用友善環境方式對待土地，土地也回報你，創造一種良善循環。
服務	環境學習 食農教育 **【作法】**參加農場體驗，跟著農夫一起去田裡體驗農事。	親近自然 五感體驗 **【作法】**以全身感官來學習體驗。嗅聞一片葉子、一朵花的味道；擁抱一棵樹；傾聽風、水的聲音。	覺察自我 創意靈感 **【作法】**感受創作過程的喜悅；觀察周遭生命律動，同時覺察自己內心的感受。
福祉	觀察生命 關懷自然 **【作法】**除了照顧自己的家人朋友等，也要照顧好周邊環境。	珍愛生命 道法自然 **【作法】**改變心態，照顧人以外的所有物種的生命體。	生命價值 生存意義 **【作法】**找到自己的天命，從事以生命為本的環境學習。

【附錄】

簡單的事持續做，不簡單

　　年輕時就對各種身心靈議題與運動特別感興趣，第一次接觸太極是在學生時期，無意間看到一本太極拳書，因為好奇心跟著書上的動作練習起來，印象最深刻的是練完雲手後，掌心覺得熱熱的，很舒服。後來轉而做瑜伽，只因為老師多為女性、身材苗條，自然吸引了愛美如我的目光。

　　2019年，透過《旅行好農》雜誌的牽線，認識了陳章波老師，我有榮幸跟著旅行好農團隊、顏建賢老師、陳老師去休閒農場打太極。透過雜誌報導，將陳老師「道法自然」的禪勁太極養生理念介紹及推廣給更多人。無論去到何處，陳老師都有辦法按照當地自然環境，談起太極養生的理念，並且隨手打起太極，行雲流水，輕鬆自如。那些我永遠記不住的太極拳架，深深烙印在陳老師心中，彷彿人與太極合而為一。有趣的是，當陳老師觀察農場主人的彎腰蹲下的動作時，也會忍不住調整他們的姿勢，經常讓農場主人們嚇了一跳，紛紛詢問要如何練太極。

　　2021年，我開始上禪勁太極養生課，心想已經練習多年的瑜伽（雖然是斷斷續續的做），練太極應該不會很困難吧。沒想到，頭

一堂課，陳老師就看出來我的身體太僵硬了！他還建議我多觀察嬰兒身體很柔軟的狀況。隨後又上了三個梯次的太極養生課程，才漸漸有了一些體悟，例如「作用力與反作用力」。

太極拳是鬆身，是身體重量落到湧泉後，湧泉向下、向外時，就會產生反作用力，讓身體可以移動或旋轉。最初，我很難想像，力量要怎麼落到腳底湧泉呢？經過陳老師指導與反覆練習，漸漸能感覺腳底吃到重量，而其他身體部位鬆柔、膨脹的感覺。**前提則是，心要靜下來**。然而，在忙碌的生活，紛亂的世界中，實在很難靜心，也因此格外珍惜上課時與自己身體對話的時刻。

理財作家艾爾文曾說：「簡單的事要去做它，很簡單；持續做它，不簡單。」理財是如此，練太極也是如此，可能因為看似簡單，沒有花俏動作，比較無法吸引年輕人目光。但若您已過中年，對人生有更深領悟，或許能體會，當自己心中放下許多事，臣服、接受，感恩人生所有發生的事情時，自然也有一股力量在支撐著，似乎與練太極時「作用力與反作用力」的道理有所相通。

面對臺灣步入超高齡社會，人們對於衰老退化、失去身體自主權，充滿了不安與恐懼。如果人生註定要活的那麼長久，希望在七十多歲的時候，我還能和陳老師一樣，身心健康、活動自如，過著充實而有意義的生活，並且貢獻所長、回饋社會。

楊佳梅

（文字工作者）

禪勁太極養生對我的重大影響

隨著年歲增長，身體狀態不再似青春般勇健。到了四十歲時，自覺應該要培養一種長期的運動習慣，藉此讓已殘破的身體維持在運轉尚可的狀態，於是我開始覓尋養生之道。剛好看到臺北律師公會邀請老師來教太極拳，老師是從中研院退休的，我想應該是學院派氣質師父，而且一週一次的練習不會花太多時間，因緣際會就報名參加「禪勁太極養生」，迄今已經超過十年了。

我的身心向來是蠻僵硬的，經過陳章波老師這些年所教授的禪勁太極洗禮，已相對的柔軟。老師講的許多觀念，無論從科學或因緣角度來說，對我而言都受用無窮，像是打太極可以存健康的利息，平常我們身體消耗不要動到身體本金，用完健康利息再繼續存。這樣的養生觀念，相對人性化。

老師教授太極的八字箴言「鬆身、拉筋、調姿、順氣」，謹記在心，更是受益無窮。常言道「筋長一寸，壽延十年」，老師用淺顯易懂的方式，用實證與科學活化太極的呆板枯躁。雖然老師的教

授方法較重拳心、拳理，而非拳架的開展，但是對我而言，反而更適合。

老師講「以心行氣，以氣運身」，「心」這個東西即顯重點，所以身體這個外殼就變成次要了。對我而言，如何用心來好好使用這個外殼，才是最重要的。總之，不去談硬梆梆的人生哲學。講個簡單的想法，人們多期望生命的旅程能夠「福壽雙全」，但如何達到有福有壽？我覺得，老師的禪勁太極養生，可以幫助我們達到福壽雙全。**禪勁太極能養生，長壽只是基本款；禪勁太極終極目標，是要讓我們能夠作對人類對世界有益的事情，這是積德而有福。**所以，我認為學習禪勁太極會帶來好福氣，這是我日常生活的感受。

顧名思義，禪勁太極養生就是有禪、有勁、有太極、有養生。個人而言，這是一輩子永無止境的學習，僅管已學習超過十年，但所投入的練習時間不夠，囿於平常忙碌及瑣碎事務等，也許是懶散習氣，十年功力到現在還在鬆身拉筋程度，實在有愧於師。不過我相信，只要不斷掉與禪勁太極這條線，總有一天能漸悟出我自己的人生終極價值與道理。

老師說的禪，就是好好生活，日日好日，樂觀讓人生活更美好；老師說的勁，我的理解，是以氣運身的能量方法，而非我從小到大的「蠻力運動養生法」。老師以禪勁為根基的太極教授方法，讓我覺得心房易開，遇事易解，因為拳架只是為了建立身體的調

養，拳心則更進階讓我瞭解，把身體養好這件事的目的。

身體是心的載體，無心則不知人存在的意義，但無體則無以實踐人存在的意義，身心維持在良善狀態，缺一不可，禪勁太極就是我維持身心狀態良善的最佳方法。

每個人活著的意義與目的，不盡相同，禪勁太極告訴我，從動物人修練成文化人，最終朝向神格人方向前進，以此追尋生命的意義，這就是養生目的。因此，老師的禪勁太極超脫一般太極，讓我得到更大的能量。我不會因為老師拳架教的不夠多而感到不足，或想要放棄學習太極，反倒是我喜歡老師教的「禪勁」，太極招式就顯得次要。當然每個人的體悟不同，喜好自選，養生、養心殊途同歸。

僅管尚未能體會老師說的蓄勁、發勁、整勁，體悟老師一點點的禪味，就相當足夠了。老師是學院派教授法，我喜歡這種用科學氣質解析太極原理的方法。老師的實證教授，沒有學究無味，更非空言無稽。例如，老師用帕斯卡定律來說明，液體壓力擴散到全身，然後關節之間張力要相同，最後節節貫串。這樣的理論與實證，更能讓人信服太極的好。

老師隨時把「鬆」掛在嘴邊，更是很重要的事。老師說鬆的坐、鬆的站、鬆的走路，真的很重要。大家都說，太極就是陰陽的變化，但是要知覺自己身心陰陽狀態，隨心所欲的讓自己想陰就陰、想陽就陽，其實沒有這麼簡單。像我本身陽氣十足，就需

要隨時知覺「陰一點」，否則就怒而不知，變成一種習氣，悖離養身之道。

　　總之，不敢說陳章波老師的禪勁太極養生改變我的一生，但是讓我的身心靈找到一種向上向善的方法，這樣的因緣與感受是不可思議的。在人生漸悟過程中，有禪勁太極一路相伴，我相信我的身心靈再怎麼向下沉淪，也還是看得到天堂的。

鄧湘全

（禪勁太極養生學員）

參考書目

- 王唯工，《氣的樂章：氣與經絡的科學解釋，中醫與人體的和諧之舞》。臺北：大塊文化，2002。
- 余時英，《論天人之際：中國古代思想起源試探》。臺北：聯經出版，2014。
- 沈邑穎，《經絡解密 卷六 腎經＋奇經八脈》。臺北：大塊文化，2021，頁128。
- 原林、王軍，《筋膜學》。北京：人民衛生出版社，2018。
- 張長琳，《人體的彩虹》。臺北：大雁文化，2010，頁133、頁136-137、頁145。
- 梅墨生，《中道皇皇－梅墨生太極拳理念與心法》。臺北：大展出版社，2018。
- 陳章波，《太極拳動禪心法》。ISBN 978-957-41-4578-2，2007。
- 陳章波，《論太極勁的成因及其養生應用》。臺北，2021。
- 楊澄甫編著，《太極拳體用全書》。臺北：老古文化，1983。
- 鄭曼青，《鄭子太極拳自修新法》，1948。
- 安德斯‧韓森（Anders Hansen），張雪瑩譯，《真正的快樂處方》。臺北：究竟出版社，2020，頁019、頁245。
- Cadenas E, Davies KJA (2000) Mitochondrial free radical generation,

oxidative stress, and aging. Free Radical and Medicine 29(3/4): 222-230.

- Huston P, McFarlane B (2016) Health benefits of tai chi: what is the evidence? Canadian Family Physician 62(11):881-890.

- Mansfield PJ, Neumann DA (2019) Essentials of kinesiology for the physical therapist assistant. Elsevier, Inc. 李映琪譯，《基礎肌動學》（第二版）。臺北：臺灣愛思唯爾，2020。

- Myers TW (2016) Anatomy trains—Myofascial meridians for manual and movement therapists. 3rd edition. Elsevier Ltd. 王朝慶、蔡忠憲、邱熙亭、王偉全譯 ，《解剖列車—專為徒手與動作治療師準備的肌筋膜經線》（第二版）。臺北：臺灣愛思唯爾，2016。

- Pitkin M (2011) Biomechanics for Life:Introduction to Sanomechanics. Springer, New York.

- Pitkin M (2013) Practical Sanomechanics: Exercising for a Healthy Skeleton. Nova Science Publishers, Inc. New York.

- Pitkin M, Muppavarapu R, Cassidy C, Pitkin E (2015) Subperiosteal transmission of intra-articular pressure between articulated and stationary joints. Scientific Reports 5:8103. DOI:10.1038/srep08103.

- Royder JO (1997) Fluid hydraulics in human physiology. AAO Journal /11. https://ostemed-dr.contentdm.oclc.org/digital/collection/myfirst/id/10291/

- Wayne PM with Fuerst ML (2013) The Harvard Medical School Guide to Tai Chi. Harvard Health Publications. Shambhala Publications, Inc. Boulder, Colorado.

國家圖書館出版品預行編目資料

禪勁太極：超實踐！科學養生的太極拳勁 / 陳章波著.
-- 初版. -- 臺中市：晨星出版有限公司，2022.12
面； 公分. --（健康與運動；38）

ISBN 978-626-320-300-6（平裝）

1.CST: 太極拳

528.972　　　　　　　　　　　　　111017987

健康與運動 38

禪勁太極
超實踐！科學養生的太極拳勁

可至線上填回函！

作者	陳章波
文字協力	楊佳梅
主編	莊雅琦
編輯	洪　絹
校對	洪　絹、莊雅琦、楊佳梅
網路編輯	黃嘉儀
美術排版	曾麗香
封面設計	王大可
圖片來源	《旅行好農》雜誌（P1），123RF（P44、46、54、59、62）

創辦人	陳銘民
發行所	晨星出版有限公司
	407台中市西屯區工業30路1號1樓
	TEL：（04）23595820
	FAX：（04）23550581
	health119 @morningstar.com.tw
	行政院新聞局局版台業字第2500號
法律顧問	陳思成律師
初版	西元2022年12月15日
再版	西元2023年08月31日（二刷）

讀者服務專線	TEL：（02）23672044 /（04）23595819#212
讀者傳真專線	FAX：（02）23635741 /（04）23595493
讀者專用信箱	service @morningstar.com.tw
網路書店	http://www.morningstar.com.tw
郵政劃撥	15060393（知己圖書股份有限公司）
印刷	上好印刷股份有限公司

定價400元
ISBN 978-626-320-300-6